J. B Melzi

Practical Handbook of French Correspondence

Containing Familiar and Commercial Letters Accompanied by Numerous English Notes and a Dictionary of Commercial Terms

J. B Melzi

Practical Handbook of French Correspondence
Containing Familiar and Commercial Letters Accompanied by Numerous English Notes and a Dictionary of Commercial Terms

ISBN/EAN: 9783337115302

Printed in Europe, USA, Canada, Australia, Japan

Cover: Foto ©Suzi / pixelio.de

More available books at **www.hansebooks.com**

PRACTICAL HANDBOOK

OF

FRENCH

CORRESPONDENCE

CONTAINING

FAMILIAR AND COMMERCIAL LETTERS

ACCOMPANIED BY NUMEROUS ENGLISH NOTES AND

A DICTIONARY OF COMMERCIAL TERMS

FRENCH-ENGLISH AND ENGLISH-FRENCH

BY

J. B. MELZI

Director of the *École de langues modernes*, Paris.

LONDON	**BARCELONA**
DULAU AND Co.	A. VERDAGUER
37, SOHO SQUARE	5, RAMBLA
—	—
PARIS	**SOUTH AMERICA**
PAUL OLLENDORFF	THE CORRESPONDENTS OF
28 *bis*, RUE DE RICHELIEU	CHARLES BOURET, BOOKSELLER, PARIS
—	—
TURIN, FLORENCE, ROME	**ALTEMBURG (Saxony)**
FRATELLI BOCCA	H. A. PIERER

1878

PREFACE

At the present time, more than at any other, the study of foreign languages is an absolute necessity.

In fact, the facility of international communications and the increasing growth of mercantile transactions make the knowledge of foreign languages, although even of an elementary nature, indispensable.

Numerous works have been published in order to realize the double purpose which teacher and pupil have in view; viz., *to teach and to learn quickly and well.*

Without taking it upon myself to pronounce an opinion here, I may say that the *ennui* and monotony which the study of words and grammatical difficulties present, have been successfully avoided by intelligibly graduated methods, and by that of Ollendorff in particular.

However, the knowledge of a language cannot be confined to the possession of a certain number of words and the mastering of the grammatical difficulties, it is also necessary to be able to reproduce one's thoughts and give them the most varied forms. To obtain this result, there is one exercise which cannot be too much practised, and the utility of which has been shown by experience: I mean epistolary exercises. Correspondence being, so to speak, a written conversation, it is evident that it is, in conjunction with conversation itself, the best means of acquiring a practical acquaintance with a language.

Impressed with this idea, and yielding to the desires of the numerous pupils whom I have had under my care during the course of many years engaged in teaching, I have consented to publish the letters which I had composed for the study of correspondence.

I have endeavoured to vary the subjects as much as possible, and to give expressions authorized by the best writers, in short, to present gradually the difficulties which characterize every language.

The choice of the subjects treated constitutes one of the most interesting parts of my work. It is easy to be convinced of this by examining, in the index, the division which I have adopted: few works of the kind present exercises so varied and practical. I have not left out any of the ordinary matters ot life which necessitate the sending of a letter; each subject is treated briefly and in a general manner, so that a few changes, easy to make, will suffice to appropriate the model to the particular case to which one may wish to adapt it. I have also tried to simplify, by numerous notes, the reader's work.

Each time that an expression is met with which cannot be translated by an equivalent, I have furnished an explanation of it in its widest sense. I have given also the real meaning of every word which might be translated in different manners as well as synonyms and homonyms and every elucidation necessary to a proper rendering of the word, being convinced that nothing must be neglected in order to avoid mistranslation and obscurity.

The counterpart of this work published in several languages, offers to the pupil the great advantage of enabling him to examine, without the aid of a master, whether the letters which he has translated are rendered faithfully and correctly.

To this Manual of Correspondence I have added a vocabulary which presents in a few pages a pretty complete repertory of the expressions and terms usually employed in commercial transactions, and of which the explanation is not always given even in the best dictionaries.

Such is the plan of my work, to which I have given all my care, and the utility of which cannot be contested.

FRENCH CORRESPONDENCE

INTRODUCTION

Whatever you read, remember.

GENERAL RULES FOR FAMILIAR LETTERS.

A *letter* is the transmission by writing of our ideas to an absent person.

The *epistolary art* is the art of composing letters.

For a letter to have its true character, it should resemble conversation as much as possible, for it is difficult to write as one speaks.

Before commencing a letter, we should imagine ourselves in the presence of the person to whom we are about to write, and carefully meditate upon what might please or offend him.

The frequent perusal of good models, tact, good taste, a sufficient knowledge of the language, and above all sentiment, are the best guides for letter-writing.

THE PRINCIPAL QUALITIES OF A LETTER.

The principal qualities of a letter are : 1st *clearness*; 2nd *simplicity* without negligence; 3rd *brevity* without extreme conciseness; 4th *propriety*.

Clearness is that quality of style which enables us to understand at once and without effort the thought of the writer.

Simplicity consists in expressing one's self without research, and avoiding all that might appear affected. It consists in selecting the most modest and simple expressions, in expressing every thing in the most natural manner and in calling each object by its name.

Brevity consists in writing only what is necessary to the aim proposed, without falling into obscurity or causing any ambiguity or equivocation. If you desire to be brief, begin the subject of your letter at the first line, without preamble.

Propriety is the exact observation of the connexion between the parties, and consists in respecting the distance that age, sex, rank or fortune places between individuals. We ought not to address a superior in the same manner as an equal; a son does not write to his father, as a father writes to his son; with one man you may jest, whilst with another it would be unbecoming. Propriety teaches us, in a word, to study what may be said and what should be suppressed.

To these observations, we may add the following:

In a letter, write what is necessary, but nothing more.

Never write a letter, or reply to one while under the impression of a sentiment of anger; wait until the following day.

When you have to reply to a letter of importance, give the subject the most serious attention, and write with the letter before you.

If possible to avoid it, never speak evil of any one in a letter; for once the letter sent, you cannot repair the harm, and « what is written remains. »

It is not proper to charge a superior with compliments or commissions for another.

A letter entrusted to a person to be delivered to another should be given unsealed; but the person to whom

INTRODUCTION.

it is entrusted should seal it before the eyes of the sender. It is the same with a letter of recommendation; in this case, the writer reads it to the person he recommends, or gives it to him without closing it.

Figures are employed only for amounts and for dates. The names of people, and of days must be written in full.

Habit and propriety forbid making any letter public without the consent of the person to whom you have written it, or from whom you have received it.

OF THE DIFFERENT KINDS OF LETTERS.

Letters may be classed in the following manner:

1st Letters of *request* and *demand*;
2nd Letters of *refusal*;
3rd Letters of *offer*;
4th Letters of *congratulation* and *eulogy*;
5th Letters of *thanks*;
6th Letters of *condolence* and *consolation*;
7th Letters of *recommendation*;
8th Letters of *advice*, of *presents*, and *invitation*;
9th Letters of *excuse* and *justification*;
10th Letters of *complaint* and *reproach*;
11th Letters of *claim*;
12th Letters of *counsel*;
13th Letters of *information* and *news*;
14th Letters on *family affairs*;
15th Letters of *compliments*;
16th Letters of *business*;
17th Letters of *commerce*.

TITLES.

Etiquette requires that the title should be conformable to the merit, position, and rank of the person to whom one writes. The following are the principal:

INTRODUCTION.

TO AN EMPEROR, OR A KING.

At the commencement: *Sire*, or *Majesté*,
In the body of the letter (1): *Sire*, or *Votre Majesté*.
Subscription: *Je suis, avec le plus profond respect,*
Sire,
or *de Votre Majesté Impériale*, or *Royale,*
Le très-humble, très-obéissant et très-fidèle serviteur.
Superscription: *A Sa Majesté l'Empereur*, or *le Roi*.

TO AN EMPRESS, OR A QUEEN.

At the commencement: *Madame,*
In the body of the letter: *Madame*, or *Votre Majesté*.
Subscription: *Je suis, avec le plus profond respect,*
Madame,
or *De Votre Majesté Impériale*, or *Royale,*
Le très-humble, très-obéissant et très-fidèle serviteur.
Superscription: *A Sa Majesté l'Impératrice*, or *la Reine*.

TO IMPERIAL, OR ROYAL PRINCES.

At the commencement: *Monseigneur*, or *Altesse Impériale*, or *Royale,*
In the body of the letter: *Votre*, or *Son Altesse Impériale*, or *Royale* (2).
Subscription: *Je suis, avec le plus profond respect,*
Monsieur le Prince,
De Votre Altesse Impériale, or *Royale,*
Le très-humble et très-dévoué serviteur.
Superscription: *A Son Altesse Impériale*, or *Royale... Le Prince ...*

---

(1) In the body of the letter, instead of *Vous*, they say: *Votre Majesté*.

(2) The sons, daughters, brothers, sisters, uncles, aunts, father and mother of sovereigns are entitled to the appellation of *Altesse Impériale* or *Royale*, and the rest of the imperial or royal family to that of *Altesse*.

TO IMPERIAL, OT ROYAL PRINCESSES.

At the commencement: *Madame* (1), or *Altesse Impériale,* or *Royale,*
In the body of the letter: *Votre,* or *Son Altesse Impériale,* or *Royale.*
Subscription: *Je suis, avec les sentiments du plus profond respect,*
   Madame la Princesse,
   De Votre Altesse Impériale, or *Royale,*
   Le très-humble et très-dévoué serviteur.
Superscription: *A Son Altesse Impériale,* or *Royale ... La Princesse ...*

TO OTHER PRINCES OF THE BLOOD.

At the commencement: *Monseigneur,* or *Altesse Sérénissime.*
In the body of the letter: *Votre Altesse,* or *Votre Altesse Sérénissime.*
Subscription: *Je suis, avec le plus profond respect,*
   De Votre Altesse Sérénissime,
   Le très-humble et très-obéissant serviteur.
Superscription: *A Son Altesse le ...*

TO THOSE WHO HAVE RECEIVED THE TITLE OF PRINCE.

Prince.

TO THE PRESIDENT OF A REPUBLIC.

At the commencement: *Monsieur le Président,*
In the body of the letter: *Monsieur le Président,*
Subscription: *Je suis, avec le plus profond respect,*
   Monsieur le Président,
   Votre très-humble et très-obéissant serviteur.
Superscription: *A Monsieur le Président de la République de ...*

---

(1) The French give the title of *Madame* to princesses of royal families even though they are not married.

TO MINISTERS, AMBASSADORS, GOVERNORS, ADMIRALS, GENERALS, PRESIDENTS OF THE ASSEMBLY, etc.

At the commencement : *Excellence, Monsieur le Ministre, Monsieur le Maréchal,.*
In the body of the letter : *Votre Excellence.*
Subscription : *Je suis, avec le plus profond respect* (1),
  Monsieur le Ministre,
    or *Monsieur le Maréchal,*
    or *Monsieur le Président,*
      De Votre Excellence,
    Le très-humble et très-obéissant serviteur.
Superscription : *A Son Excellence Monsieur le Ministre,* etc.

TO A DUKE, MARQUIS, COUNT, SENATOR, DEPUTY, etc.

At the commencement : *Monsieur le Duc, le Député,* etc.
In the body of the letter : *Monsieur le Duc,* etc.
Subscription : *Je suis, avec respect, Monsieur le Duc, le Député,* etc.
  Votre très-obéissant serviteur.
Superscription : *A Monsieur le Duc,* etc.

TO LADIES AND MISSES.

At the commencement : *Madame,* or *Mademoiselle,*
Subscription : *Votre très-dévoué serviteur.*
Superscription : *Madame B...,* or *Mademoiselle R...*

TO PROFESSORS, BARRISTERS, DOCTORS, etc.

At the commencement : *Monsieur,* or *Monsieur le Professeur,* etc.
In the body of the letter : *Monsieur.*
Subscription : *Votre très-dévoué serviteur.*
Superscription : *Monsieur C..., professeur,* or *avocat,* etc.

TO PERSONS WITHOUT TITLE.

At the commencement : *Monsieur,*

---

(1) One must not say : *J'ai l'honneur d'être avec respect,* etc. This mode of expression is contrary to good taste.

Subscription : *Votre dévoué serviteur* (1).
Superscription : *Monsieur P...*

TO THE CLERGY

TO THE POPE.

At the commencement : *Saint Père*, or *Très-Saint Père*,
In the body of the letter : *Votre Sainteté*.
Subscription : *Très-humble fils*.
Superscription : *A Sa Sainteté le Pape Pie ...*

TO CARDINALS.

At the commencement : *Altesse Eminentissime*, or *Eminence*,
In the body of the letter : *Votre Altesse Eminentissime*, or *Votre Eminence*.
Subscription : *Je suis, avec le plus profond respect,*
　　　　De Votre Eminence,
　　　　Le très-humble et très-dévoué serviteur.
Superscription : *A Son Altesse Eminentissime*, or *A Son Eminence le Cardinal ...*

TO PATRIARCHS, ARCHBISHOPS, BISHOPS.

At the commencement : *Monseigneur,*
In the body of the letter : *Votre Grandeur*, or *Monseigneur*.
Subscription : *Je suis, avec le plus profond respect,*
　　　　Monseigneur, ... votre etc.,
　　　　or *De Votre Grandeur,*
　　　　Le très-dévoué et très-humble serviteur.
Superscription : *A Sa Grandeur...Monseigneur l'Archevêque,*
　　　　or *l'Évêque ...*

---

(1) In French letters addressed to persons of inferior rank the form *Votre dévoué serviteur* is not always employed. In this case, the christian and family name of the writer is sufficient. *Bien à vous; Tout à vous; Adieu; Votre affectionné; Mille amitiés; Je vous embrasse*, etc., are the ordinary expressions of confidence and friendship. It is the same for the commencements expressing friendship or affection, which correspond to those employed in English, such as : *Cher ami; Ma chère amie; Cher monsieur; Chère madame; Mon cher monsieur; Ma chère dame*, etc.

TO VICARS, CANONS, etc.

At the commencement : *Monsieur le Vicaire général,* etc.
Superscription : *A Monsieur le Vicaire général,* etc.

TO PRIESTS.

At the commencement : *Monsieur l'Abbé,* or *Révérend Monsieur* ...
Subscription : *Très-dévoué serviteur.*
Superscription : *A Monsieur l'Abbé,* or *Au Très-Révérend Monsieur* ...

TO A NUN.

At the commencement : *Madame,* or *Très-Révérende Mère,*
In the body of the letter : *Madame,*
Subscription : *Très-dévoué serviteur.*
Superscription : *A la Très-Révérende Mère* ...

REPLIES.

One letter deserves another. There is but one exception for injurious letters to which one answers only by contempt.

It is impolite to wait long before replying to a letter; the first duty in such a case is to justify one's self, and to make an excuse.

The precepts that we have given for letters, serve equally for the replies; for the reply being the continuation of a correspondence commenced, should be, as much as possible, similar to the letter which is answered.

FIRST PART

FAMILIAR LETTERS

FIRST CHAPTER

LETTERS OF REQUEST AND DEMAND.

Precepts.

The merit of a letter containing a request is modesty. The first thing when writing to an unknown person, is to give our name, to explain how we have been led to apply to him, on what occasion, and by what title we consider ourselves justified in addressing him.

When asking a favour of a superior, we should employ more respectful terms than with an equal or inferior.

Another essential point is to show the importance we attach to what is asked for, in promising our gratitude to the person addressed. To obtain our desire, we should speak to the heart and interest the self-esteem without flattery.

To request an audience of a Minister.

A Son Excellence le Ministre de...

Monsieur[1] *le Ministre,*

Le soussigné a l'honneur de solliciter de Votre

---

1. The words *Monsieur, Madame*, when signifying literally *Sir, Madam*, do not take the article and are only preceded by the prep. They take the article when employed in a general sense only.

Excellence une audience pour l'entretenir¹ d'une affaire très-importante. (*Indiquer l'affaire.*)

Espérant que sa demande sera favorablement accueillie, le soussigné a l'honneur d'être,

De Monsieur le Ministre²,
Le très-humble et très-dévoué serviteur

Louis VERNE.

Paris, le 15 juin 18..

To a deputy asking him to obtain of the Minister of war a pension for a wounded soldier.

Monsieur le Député,

M. Pierre B..., ancien sous-officier au 45ᵉ régiment d'infanterie, blessé à la bataille de***, se trouve dans une situation ³ digne d'attirer l'attention du gouvernement.

Incorporé pendant la guerre de 1870-71 dans une compagnie de marche, il a fait bravement son devoir pendant la campagne, jusqu'au jour où, blessé et incapable de suivre son régiment, il a été renvoyé dans ses foyers, par ordre de l'autorité compétente.

Quand Pierre B... a retrouvé sa famille, elle était dans un dénûment⁴ complet.

Après quelques jours⁵ d'un repos indispensable au rétablissement de sa santé gravement compromise, il se mit courageusement au travail; et, avec un dévoue-

---

1. *Pour l'entretenir*, to speak about.
2. *De Monsieur le Ministre*, of your Excellency. After the words *Monsieur, Madame*, etc. as also after family names, *le, la*, or *les*, are employed according to the gender and number before a word which qualifies the person in question.
3. *Situation*, position, situation.
4. *Dénûment*, misery.
5. *Quelques jours*, a few days. *Quelque* is written as one word when placed immediately before a noun, an adjective, or an adverb. *Quelques*, here is an adjective and takes the *s* in the plural because it is immediately followed by a noun.

ment[1] admirable, il consacra ses forces, à peine recouvrées, à soutenir sa femme[2], que les angoisses de la guerre avaient brisée[3], et à nourrir quatre enfants en bas âge.

Il n'avait, malheureusement, écouté que son courage et son abnégation : un travail opiniâtre[4] eut bientôt épuisé son corps, qu'une blessure mal guérie avait laissé dans un état d'affaiblissement irréparable[5].

Aujourd'hui le malheureux est cloué sur son lit, impuissant à consoler sa femme qui pleure, à nourrir ses enfants[6] qui souffrent.

J'ai pensé, Monsieur le Député, que votre[7] haute position, jointe aux nombreuses relations que vous a créées[8] votre influence à la Chambre, vous permettrait de faire une démarche[9] auprès du[10] ministre de la guerre, pour obtenir, en faveur d'un de vos électeurs et d'un vaillant soldat, une pension, qui, en faisant[11] renaître un peu d'aisance dans sa famille, récompenserait les nombreux services qu'il a rendus[12].

Je suis, avec un profond respect,
    Monsieur le Député,
        Votre très-dévoué serviteur.
            J. BLANC.

Versailles, le 20 septembre 18..

1. *Dévouement*, self denial.
2. *Femme*, is translated by *wife* when it indicates a married woman, and by *woman* when it signifies the fair sex.
3. *Que les angoisses de la guerre avait brisée*, whom the miseries of the war had shattered.
4. *Travail opiniâtre*, hard work.
5. *Qu'une blessure mal guérie avait laissé dans un état d'affaiblissement irréparable*, which a badly healed wound had left in a state of irreparable weakness.
6. *Enfants*, children. *Enfant* is masculine when indicating a boy, and feminine when employed for a girl.
7. *Votre haute*, your high; *haut, haute*, is never used in the sense of *tall*, which is translated by *grand*.
8. *Que vous a créées votre influence*, which your influence has created you.
9. *Faire une démarche*, to take steps, to seek an interview for some end.
10. *Auprès du ministre*, with the minister.
11. *En faisant*, in doing. The French present participle is always invariable.
12. *Qu'il a rendus...*, which he has rendered. The past participle combined with the auxiliary *avoir*

To a station-master to obtain employment at the railway.

Lyon, le 3 janvier 18..

Monsieur,

J'ai l'honneur de solliciter de votre bienveillance un emploi[1] au chemin de fer[2] de ***.

J'ai quitté le service militaire après 15 ans de présence au corps[3], et, après avoir bien rempli mon devoir, comme le prouvent les certificats que je joins à cette demande, j'ai pris mon congé avec le grade de sous-officier.

Aujourd'hui marié, père de famille, je suis obligé, pour subvenir aux besoins de ma femme et de mes enfants, de chercher un travail[4] qui, ajouté au petit revenu[5] de la propriété[6] que m'ont laissée mes parents, puisse me donner une position convenable.

Je n'aurais pas songé[7] à entrer dans les chemins de fer, si M. G... ne m'avait[8] promis qu'avec votre protection je pourrais arriver très-facilement.

Avec sa bienveillance ordinaire, il m'a permis de me présenter à vous sous ses auspices[9], et de vous offrir tous les renseignements[10] que ma demande pourra vous forcer à prendre, avant d'être accueillie favorablement.

En attendant l'honneur d'une réponse, permettez-moi d'espérer, Monsieur, que vous voudrez bien

agrees in gender and in number with its direct complement when this last is placed before the said participle.

1. *Emploi*, employment, place, situation. The English word *situation* in the sense of employment may not be translated by the same word in French, which only relates to *condition*. Ex.: *Ma situation est grave*, my condition is serious.

2. *Chemin de fer*, railway.

3. *Corps*, body, may be translated here as: regiment, corps.

4. *Travail* (pl. travaux), work.

5. *Revenu*, income.

6. *Propriété*, property, grounds.

7. *Je n'aurais pas songé*, I should not have thought.

8. *Si M. G. ne m'avait*, if Mr. G. had not.

9. *Auspices*, patronage, favour.

10. *Renseignements*, information; *être renseigné*, to be informed.

prendre en considération la requête que j'ai l'honneur de vous adresser.

Je suis, avec respect,
     Votre très-humble serviteur.
        O. Lanc.

To borrow money of a friend.

Mon cher ami,

Un des priviléges de l'amitié, c'est d'attirer toutes les demandes intéressées de ceux[1] qui comptent[2] sur elle. Vous allez en avoir une preuve convaincante.

Je suis obligé de faire quelques paiements importants à la fin du mois. Mes ressources ont été diminuées considérablement à la suite des événements que vous connaissez, et ne me permettent pas de faire face à tous mes engagements[3].

Après avoir bien hésité, je me suis décidé à m'adresser[4] à vous, pour vous prier[5] de me prêter, pendant un temps que nous déterminerons ultérieurement, mais qui sera le moins long possible, la somme de... aux conditions que vous m'indiquerez en me faisant parvenir votre réponse.

Je pense que cette demande ne vous mettra pas dans l'embarras. Dans tous les cas, je ne veux pas qu'elle puisse, si vous l'acceptez, arrêter en rien vos affaires[6].

Comptez sur ma reconnaissance, et croyez-moi,
     Votre dévoué.
      C. Clerc.

Jeudi matin.

1. *Ceux*, those.
2. *Qui comptent sur*, who count upon, who depend upon.
3. *Engagements*, engagements.
4. *S'adresser*, to apply, to address one's self to. The pronouns *me*, *te*, *se*, *le*, *la*, lose the *e* and take the comma before a vowel or an *h* mute.
5. *Pour vous prier*, to beg you. French people generally address each other in the 2nd person plural. Even among friends, the use of saying thou and thee is very rare, and is only used towards intimate friends or between relations.
6. *Affaires*, affairs, business.

To request payment of a debt.

Bordeaux, le 4 août 18..

Monsieur,

Assailli de tous côtés [1] par les pressantes [2] demandes d'argent que m'adressent mes fournisseurs [3], je suis obligé de faire appel à tous mes débiteurs, afin de faire rentrer les nombreuses sommes qui me sont dues.

Vous savez, Monsieur, que je n'ai pas été exigeant; et tant qu'il m'a été possible d'attendre le moment qui vous était convenable pour effectuer vos paiements, je l'ai fait.

Aujourd'hui, je ne puis [4] vous accorder un plus long délai; comme je vous l'ai dit plus haut, mes fournisseurs deviennent pressants [5], et je courrais le risque de compromettre les intérêts de ma maison, en ne les soldant [6] pas exactement et régulièrement.

J'espère que vous ne m'obligerez pas à vous écrire de nouveau; car, je serais forcé, à mon grand regret [7], pour rentrer dans ma créance [8], d'avoir recours aux moyens légaux, si vous persistiez à me demander toujours de nouveaux délais [9].

Dans l'espoir, Monsieur, que vous voudrez mettre tout l'empressement possible à vous acquitter de cette dette, je vous prie d'agréer mes salutations distinguées.

Votre dévoué serviteur
P. PICARD.

1. *Tous côtés*, every side. *Tout* is an adjective and is variable when preceding a noun or pronoun; it is an adverb and is invariable when modifying an adjective or adverb.
2. *Pressantes*, pressing.
3. *Fournisseurs*, contractors, suppliers.
4. *Je ne puis*, I may not I cannot. It is better to use *puis* than *peux*.
5. *Pressants*, importunate.
6. *Soldant*, paying; from the verb *solder*, to pay, to balance.
7. *A mon grand regret*, to my great regret.
8. *Pour rentrer dans ma créance*, to recover my claims.
9. *Délais*, delays.

To beg the landlord for a diminution of rent.

Mercredi.

Monsieur,

Vous m'avez promis, en faisant le bail[1] que nous avons signé il y a deux ans, de m'accorder une diminution de loyer[2], si le mouvement commercial se ralentissait[3] et si mon entreprise était compromise par la stagnation[4] des affaires.

Vous savez, Monsieur, combien les événements politiques influent depuis quelque temps sur le crédit public. Il m'est impossible en ce moment de me procurer les matières premières nécessaires à l'exploitation[5] de mon industrie; tous mes achats s'effectuent au comptant, et, par contre[6], toutes mes ventes se font à terme[7]. Je ne puis lutter plus longtemps contre la fâcheuse situation[8] qui va bientôt m'obliger[9] à me retirer des affaires, si je ne veux pas voir disparaître ma fortune déjà compromise.

Je parviendrais à me relever[10] si, par une diminution convenable de loyer, vous me rendiez la lutte possible.

Je compte[11] sur votre bonté éclairée[12] pour sauvegarder[13], en même temps que les vôtres, les intérêts de

Votre tout dévoué,

Octave GRISY.

1. *En faisant le bail*, when drawing up the lease. *Bail* makes its plural in *baux*.
2. *Loyer*, rent.
3. *Si le mouvement commercial se ralentissait*, if business should become dull.
4. *Stagnation*, stagnation.
5. *Exploitation*, working, cultivation for sale, using.
6. *Par contre*, on the other hand.
7. *A terme*, on credit.
8. *Fâcheuse situation*, critical position.
9. *Qui va bientôt m'obliger*, which will soon oblige me. — The verb *aller* is often employed in the pres. and imp. of the ind. mood, instead of an adverb of time to qualify an action which is going to take place.
10. *A me relever*, to recover myself.
11. *Je compte sur*, I rely on.
12. *Éclairée*, enlightened, sagacious.
13. *Sauvegarder*, to save, to keep safe.

Letter of a clerk to his employer to ask for an advance on his salary.

Monsieur,

Je suis en[1] ce moment dans un grand embarras; quelques paiements pressés[2] ne me permettent pas d'attendre la fin du mois pour toucher mes appointements[3].

Comme vous paraissez être satisfait de mon travail, et que vous êtes persuadé que l'embarras pécuniaire dans lequel je me trouve ne vient pas[4] de ma mauvaise conduite, je fais appel à votre obligeance[5] et vous prie de m'avancer[6] la somme de ..... sur mes appointements.

Je vous serai très-reconnaissant du service que vous m'aurez rendu, et je vous le prouverai en servant vos intérêts avec une nouvelle ardeur.

Je suis, avec le plus profond respect,

    Votre très-reconnaissant serviteur,
        Henri Bruce.

Paris, le 10 mai 18..

Begging an acquaintance to give all possible information to a friend who is passing through Paris before going to America.

Bruxelles, le 14 février 18..

Monsieur Bignon,

M. V..., un de mes bons amis[7], avant de partir pour l'Amérique, se décide à passer par[8] Paris, afin d'em-

---

1. *En*, in, at; generally employed in a sense less determined than *dans*.
2. *Pressés*, urgent, pressing.
3. *Toucher mes appointements*, to receive my salary. *Appointements* in the sense of *salary* is only employed in the plural.
4. *Ne vient pas de*, may be translated here in the sense of: *does not proceed from*.
5. *Obligeance*, courtesy, kindness.
6. *M'avancer*, to advance me.
7. *Un de mes bons amis*, one of my best friends; *bons* here is to be translated by *best*.
8. *Par*, is translated here by: through.

porter[1] quelques recommandations qui puissent lui faciliter son entreprise dans le Nouveau-Monde.

Comme Paris est pour lui une ville aussi inconnue que le pays qu'il va habiter[2], il m'a prié de l'adresser à quelque personne qui veuille bien lui prêter le secours de son expérience, pendant son séjour dans votre capitale.

J'ai cru répondre[3] complétement à son désir, en vous l'adressant. Je connais votre bonté; les conseils que vous m'avez donnés, l'appui que vous m'avez prêté pendant mon séjour à Paris, ont aplani pour moi toutes les difficultés, et m'ont évité tous les désagréments[4] auxquels un étranger est en butte[5] dans cette grande ville.

J'espère pouvoir compter assez sur votre amitié, pour vous prier de faire pour M. V... ce qu'autrefois[6] vous avez bien voulu faire pour moi.

Je vous remercie d'avance[7], et vous prie d'agréer mes sentiments de reconnaissance et d'amitié.

Alfred Girot.

To request a barrister to plead in a trial.

Paris, le 5 février 18..

Monsieur l'Avocat,

Je suis sur le point d'engager un procès[8] au sujet de la succession[9] de Mme X.., ma tante.

Je joins à cette lettre les documents qui vous sont

---

1. *Emporter*, to take away, to carry away.
2. *Qu'il va habiter*, which he is going to inhabit. The verb *aller* followed by the infinitive does not take the preposition *à*.
3. *Répondre à*, to satisfy, to answer to.
4. *Désagréments*, displeasure, unpleasantness; disagreeableness, nnisances.
5. *En butte*, to be exposed to.
6. *Ce qu'autrefois*, what formerly, that which formerly. *Ce que* are the real attributes of the proposition.
7. *D'avance*, beforehand.
8. *Engager un procès*, bring an action.
9. *Succession*, inheritance.

nécessaires pour apprécier, momentanément, d'une manière suffisante, la portée[1] du procès et son issue[2] probable.

Je suis persuadé que le bon droit est de mon côté, sans cela je ne poursuivrais pas cette affaire[3]; mais, malgré mon inexpérience, je sens toutes les difficultés que me susciteront des adversaires habiles[4], intéressés à conserver une fortune inattendue, formant presque la totalité de leur avoir.

C'est pourquoi je me suis adressé à vous, comptant que vous ne refuserez pas d'apporter à la défense d'une cause juste, le concours de votre expérience et de votre talent.

Je suis, avec respect,

Votre dévoué serviteur

J. GABLAS.

Acceptation from the barrister.

Samedi.

Monsieur,

J'ai étudié, avec toute l'attention qu'ils exigent, les documents que vous m'avez transmis relativement à la succession de Mme X, votre tante. Je n'ai pas tardé à y trouver la preuve de la justice de vos réclamations.

Vous faites bien de faire un procès, vous le devez même[5] à la mémoire de feu[6] Mme X, dont les intentions[7] ont été indignement interprétées.

Comme vous le dites, vos adversaires sont habiles;

---

1. *La portée*, may here be translated by: *the import*.
2. *Issue*, result.
3. *Je ne poursuivrais pas cette affaire*, I should not prosecute.
4. *Habiles*, clever, capable.
5. *Vous le devez même*, you even owe. *Même* is an adverb and is invariable when followed by two or more nouns or when modifying a verb, an adjective, or a participle.
6. *Feu*, the late. The adjective *Feu* takes an E only when it is immediately followed by a common noun of the feminine gender.
7. *Intentions*, intentions, will.

mais nous ferons en sorte d'opposer nos droits à leur habileté; et, comme il n'est pas nécessaire d'avoir tort pour bien engager une affaire, nous mettrons dans celle-ci toute la prudence nécessaire.

Pour cela[1], comptez sur mon expérience, et sur mon vif désir de vous faire rendre un héritage[2] qui vous appartient à tant de titres[3].

Je suis, etc.

PETILLOT, avocat.

To request the advice of a celebrated doctor before undergoing a surgical operation.

Monsieur,

La grande autorité dont vous jouissez dans tout ce qui concerne votre art, votre science incontestée et la prudence dont vous avez toujours fait preuve dans les opérations les plus délicates, m'engagent[4] à vous demander un conseil.

J'ai depuis longtemps une tumeur à... qui me fait souffrir affreusement[5] et qui, jusqu'ici, a résisté à tous les traitements[6].

Le docteur B... me presse[7] vivement de me laisser opérer.

Avant de prendre une résolution, qui me coûte beaucoup, je désire avoir votre avis. Faites-le-moi[8] parvenir, soit par[9] lettre, soit en venant vous-même me voir. Cette dernière manière me serait infiniment

---

1. *Pour cela*, for this, for that.
2. *Héritage*, inheritance.
3. *A tant de titres*, by so many titles, for so many reasons. Adverbs of quantity are always invariable in French and take the preposition *de* when followed by a noun of which they denote the quantity.
4. *M'engagent*, induce me.
5. *Affreusement*, frightfully.
6. *Traitements*, cure, treatment.
7. *Me presse*, persuades me.
8. *Faites-le-moi savoir*, let me know it. When a verb has in its imperative mood two pronouns for direct complements, the direct pronoun complement always takes precedence.
9. *Par*, by, here indicates the mode.

agréable, car j'ai en votre savoir une confiance telle, que votre présence me déciderait sans peine à suivre le parti[1] que vous croiriez le meilleur.

Je suis, avec le plus profond respect,
           Votre très-reconnaissant serviteur.
                               L. Durand.
Douai, le 4 septembre 18..

CHAPTER II

LETTERS OF OFFERS.

Precepts.

A friend in misfortune may hesitate to ask for help; our duty is to offer it him. We should, however, offer a service, not a charity, and be careful not to hurt the self esteem of the person we desire to aid.

If the service offered costs us some trouble, we should not let it be known; for the less important we make it appear, the more cheerfully it will be accepted.

A lady residing at Nice invites a friend, who has been ill at Paris, to pass two months in this charming town, in the hope that its mild climate may hasten her recovery.

                                               Nice, le 9 janvier 18..
      Chère amie,

Ce n'est[2] pas sans de vives inquiétudes que j'ai suivi le cours de votre maladie, aussi ai-je éprouvé

---

1. *Suivre le parti*, to take a determination.
2. *Ce n'est*, it is not. The verb *être* is preceded by CE when employed to mark the subject or the direct or indirect complement of a verb, expressed or understood.

une grande joie, en apprenant votre guérison. Grâce à Dieu! vous voilà[1] complétement rétablie.

Mais, chère amie, vous n'ignorez pas que votre convalescence, après une si grave maladie, sera longue, et demandera beaucoup de soins[2]; dans cette saison, surtout, où les arbres de vos jardins se dépouillent de leurs feuilles.

J'ai passé plus d'un hiver avec vous, je sais combien cette saison vous est funeste[3], et, songeant[4] à la tristesse de Londres à cette époque[5], je crois que quelques mois[6] de séjour à Nice vous seraient plus favorables que tous les remèdes de vos grands médecins.

J'ose espérer que vos parents ne s'opposeront pas à votre départ[7]. Ils savent que vous trouverez ici, avec les soins les plus éclairés[8], le grand air[9], un beau soleil, des fleurs toujours nouvelles, des bois toujours verts, et la mer bleue.

Dans l'espoir de vous voir bientôt, je vous embrasse bien tendrement.

JULIETTE.

A glove manufacturer offers the services of one of his best workmen as foreman to a friend about to commence glove making.

Nancy, le 8 août 18..

Mon cher ami,

Vous m'avez annoncé que vous aviez l'intention de monter[10] une fabrique de gants à ***.

1. *Vous voilà complétement rétablie*, you are at last entirely recovered. The personal pronouns in the nominative case are placed before the words *voici*, *voilà*, and precede the verb from which they are taken.
2. *Soins*, care.
3. *Funeste*, harmful, baleful.
4. *Songeant*, thinking.
5. *Epoque*, to be translated by *season*.
6. *Quelques mois*, a few months. See Note 5, page 10.
7. *Départ*, departure.
8. *Eclairés*, sagacious.
9. *Le grand air*, the open air.
10. *Monter*, to establish.

Pour aller vous installer ainsi à l'étranger[1], vous devez prendre vos précautions, afin d'arriver à faire mieux que vos concurrents[2], qui, vous le savez, sont nombreux et redoutables.

J'ai, pour vous seconder, un homme qui peut vous rendre de grands services. Il a fait son apprentissage[3] dans ma maison; je connais donc son activité et son savoir-faire[4]. Ce sera un contre-maître[5] habile et consciencieux.

C'est lui-même qui m'a demandé à entrer chez vous[6] : il tient à aller travailler quelques années à l'étranger, pour apprendre à fond le métier.

Je vous serai très-obligé, mon cher ami, si vous voulez bien tenir compte de ma recommandation.

Je vous serre la main.

Ernest Dubois.

M.r B..., obliged to leave Paris, offers to sell his furniture to M.r Y on advantageous terms.

Cher Monsieur,   Mardi matin.

J'ai appris[7] que vous désiriez acheter un mobilier. Je crois avoir votre affaire[8]. Obligé de quitter[9] Paris pour longtemps, je vends tous les objets qui ne me seront d'aucune utilité désormais[10].

Je vais habiter Trieste. Les frais[11] de déplacement[12],

1. *A l'étranger*, in a foreign country.
2. *Concurrents*, competitors.
3. *Apprentissage*, apprenticeship.
4. *Savoir-faire*, talent, cleverness.
5. *Contre-maître*, foreman.
6. *Chez vous*, at your house; *chez vous* may also be translated by: in your country.
7. *J'ai appris*, I learnt, I heard.
8. *Je crois avoir votre affaire*, I believe I have what would suit you.
9. *Quitter*, to leave.
10. *Désormais*, henceforth, hereafter. This adverb is only employed to indicate the future.
11. *Frais*, expense, freight.
12. *Déplacement*, removal, change of place.

les dangers d'un long transport, qui ferait peut-être arriver mes meubles en mauvais état, me décident à vous les proposer.

Comme vous pensez, je n'ai qu'un petit mobilier, mais il est, à la fois¹, élégant et simple.

Je vous citerai, entre autres choses, un fort beau secrétaire² Louis XV, et une chambre à coucher provenant de la vente du prince B...

Venez voir vous-même mon logement³, et si mes meubles vous conviennent, nous serons facilement d'accord pour le prix.

Daniel Beaureau.

To offer a present to a patron.

Monsieur,

Vous m'avez rendu un de ces services qui laissent toujours, dans le cœur de celui qui les a reçus, une profonde gratitude.

Ce que vous avez fait pour moi décide de mon avenir; vous n'avez ménagé ni vos démarches⁴, ni vos recommandations pour me faire arriver à mon but⁵. Je ne pourrai jamais reconnaître suffisamment un pareil service. Veuillez néanmoins accepter ce cadeau, comme un faible témoignage⁶ de ma reconnaissance.

Je suis, avec respect,

Votre très-reconnaissant serviteur

S. Sauvestre.

Jeudi.

---

1. *A la fois*, at the same time.
2. *Secrétaire*, writing desk.
3. *Logement*, apartments, rooms.
4. *Ni vos démarches*, neither our trouble; *pas* is here suppressed on account of the two negatives *ne pas* being united in *ni*.
5. *But*, end, scope, aim.
6. *Témoignage*, the mark, witness, testimony.

To offer a box at the theatre for a representation of William Tell.

Lundi matin.

Mon cher ami,

Monsieur R... m'envoie gracieusement [1] une loge [2] de deuxième galerie [3], pour que je puisse assister à la représentation de *Guillaume Tell*, qui aura lieu demain au théâtre ***.

Puisque je ne puis profiter de cette bonne fortune (tu sais pour quels motifs), prends ma place.

Tu pourras, avec ta famille, applaudir, dans ce chef-d'œuvre de Rossini, les meilleurs chanteurs français : Mlle P.., l'artiste incomparable; le baryton M..., qui n'a pas de rival sur la scène française, et Mlle B..., la puissante tragédienne, qui nous rappelle [4] les temps heureux de la [5] Malibran.

Adieu, je t'embrasse.

PIERRE.

To offer a dog to a friend.

Rennes, le 15 mai 18..

Mon cher ami,

J'apprends [6] que tu es à la recherche d'un chien, qui

1. *Gracieusement*, graciously. Masculine adjectives ending with a consonant are formed into adverbs by the adding of the syllable *ment* to their feminine.
2. *Loge*, a box (at the theatre).
3. *Deuxième galerie*, 2nd gallery. *Deuxième* is generally used in French when it may imply the idea of a *third*, etc., because it gives the idea of a series whilst *second* awakens only the idea of orden. The French academy seem not to have taken this difference into proper consideration and the only reason which exists for the preference is that *second* is more common than *deuxième*.
4. *Qui nous rappelle*, who reminds us. Verbs ending in the infinitive by *eler* double the L when followed by an E mute.
5. *La* (art.), the. The French use the article *la* before the names of celebrated actresses; but in this case it is best to employ *madame* or *mademoiselle* instead of the article. You will also observe that the article *la* placed before a christian name indicates a woman of bad fame.
6. *J'apprends*, I hear.

soit bon, à la fois, pour la chasse et pour la garde du logis¹.

J'ai chez moi ce qu'il te faut ².

Fox est un chien d'arrêt³ de très-bonne race; il a été dressé par⁴ mon frère, grand chasseur, comme tu sais. Sa douceur⁵ et son intelligence sont remarquables; il n'est dangereux que la nuit⁶.

Quand tu l'auras laissé-le⁷ libre le soir, dans ton ardin; ne crains ni les voleurs⁸ ni les malfaiteurs : Fox s'en charge⁹.

Tout à toi
Louis.

A lady offers to pass the night with one of her friends who has been long ill.

Dimanche.

Ma chère amie,

Refuserez-vous toujours mes services?

Voilà plusieurs semaines que vous êtes malade, et, malgré tout ce que je vous ai dit, vous avez toujours refusé de me laisser veiller auprès de vous.

Pourquoi ne pas me donner cette satisfaction? Croyez-vous qu'une nuit employée à vous donner des soins¹⁰ me rende malade moi-même? ou que, peu habituée à voir des gens¹¹ qui souffrent, je ne puisse supporter l'aspect de la douleur?

Hélas! ma chère amie, ma vie est déjà longue, j'ai vu souffrir et disparaître des êtres bien chers! aucun

---

1. *Logis*, house.
2. *Ce qu'il te faut*, that which will suit you.
3. *Chien d'arrêt*, a pointer.
4. *Il a été dressé par mon frère*, he has been brought up by my brother.
5. *Douceur*, gentleness.
6. *Que la nuit*, during the night, instead of *que pendant la nuit*.
7. *Laisse-le*, let him.
8. *Voleurs*, robbers, thieves.
9. *S'en charger*, will see to that.
10. *A vous donner des soins*, to take care of you.
11. *Des gens*, people, those. The singular is *gent*, but is only used in familiar poetry.

chagrin ne m'a été épargné[1]. Vous le savez, vous qui avez assisté, avec une sollicitude toute filiale[2], aux derniers moments de ma mère.

Je n'ai jamais oublié que vous aviez été la première à tempérer ma douleur[3] par les plus consolantes paroles ; et, aujourd'hui que vous souffrez, vous voulez que je voie votre mal sans essayer de le calmer?

Allons![4] ma chère amie[5], songez à toute la peine que vous me feriez en refusant, et appelez-moi pour passer demain la nuit auprès de vous[6].

Je ne veux pas que vous guérissiez, sans que j'y aie contribué pour une faible part.

Je vous embrasse.

ERNESTINE.

A friend, starting for Rome, offers his services to a friend who is unable to go on account of his health:

Samedi.

Mon cher ami,

Dans[7] trois jours, je pars pour Rome avec M. V... qui va voir son fils, pensionnaire à l'*École Française des Beaux-Arts*.

Je sais que votre maladie vous empêche d'aller dans cette ville, où vous appellent vos affaires : je m'empresse de vous offrir mes services.

S'il est[8] quelque affaire[9] que je puisse traiter à

---

1. *Aucun chagrin ne m'a été épargné*, sorrow has not been spared to me.

2. *Toute filiale*, filial. The adverb *tout* is variable when followed by a feminine adjective beginning with a consonant or an *h* aspirate, and, sometimes, when it precedes a noun which does the office of an adjective.

3. *A tempérer ma douleur*, to soothe my sufferings.

4. *Allons*, come, (in the sense of take heart, do not despair).

5. *Ma chère amie*, my dear friend. In the vocative, the French posses. adjective precedes the noun.

6. *Auprès de vous*, near you (in the sense of at your bedside).

7. *Dans*, in.

8. *S'il est*, if there is, is used here instead of *s'il y a*. *Il est*, seems to express something more general than *il y a* and the French always use it in poetry.

9. *Affaire*, business, transaction.

votre place, veuillez me communiquer vos instructions, et je ferai mon possible pour que votre séjour forcé à Paris ne nuise pas trop à vos intérêts.

Vous aimeriez aussi avoir quelques renseignements[1] artistiques sur certains monuments de la ville des Césars et des papes : je mets à votre disposition mon faible talent de dessinateur. Indiquez-moi les croquis[2] que vous désirez; je copierai aussi ce que je verrai de plus remarquable ; et, à mon retour, vous pourrez puiser[3] à volonté dans mon album[4].

Dans l'attente de vos nouvelles, je vous salue bien affectueusement.

Emile Crotu.

CHAPTER III

LETTERS OF REFUSAL.

Precepts.

When unable to grant a favour, express the regret you feel at being unable to oblige the person who solicits your protection or your kindness, and endeavour to prove it, by sufficient reasons to the person who has applied to you ; be careful not to let your refusal hurt his self esteem.

It is necessary to act in the same manner, when you are unable to accept an offer; in this case your refusal must set aside all artifice, and the first duty is to show your gratitude, both for the service and the manner in which it is offered.

---

1. *Renseignements*, information, indication.
2. *Croquis*, sketches.
3. *Vous pourres puiser à volonté*, you may select at pleasure.
4. *Album*, album.

An advocate refuses to undertake a lawsui

Monsieur,   Paris, le 11 décembre 18..

J'ai étudié attentivement le dossier [1] que vous m'avez fait l'honneur de m'adresser, et c'est après un mûr examen que je me vois forcé de vous le renvoyer.

Ce n'était pas sans plaisir que je me voyais défenseur d'un homme que j'estime, dans une cause que je croyais juste.

J'ai cherché deux jours, parmi les documents que j'avais entre les mains, ceux qui pourraient vous servir à gagner votre procès : mais tous sont à votre désavantage [2]. Je n'en ai pu découvrir un seul qui, par son ambiguïté, pût fournir la matière d'une plaidoirie [3] quelque peu sérieuse [4].

Pour moi, et, je crois, pour tous ceux qui ont l'expérience des affaires, votre procès, si vous l'intentez, est perdu d'avance [5].

Je croirais vous donner un mauvais conseil en vous engageant [6] dans une mauvaise affaire; c'est pour cela que je me vois forcé, à mon grand regret, de refuser votre proposition, quelque honorable [7] qu'elle soit pour moi.

                         M..., *Avocat.*

1. *Dossier,* documents.
2. *A votre désavantage,* to your disadvantage.
3. *Plaidoirie,* a pleading.
4. *Quelque peu sérieuse,* which has the attribute of being *a little* serious.
5. *D'avance,* beforehand.
6. *En vous engageant,* in involving you.
7. *Quelque honorable,* however flattering. *Quelque* is an adverb, and is written as one word, when it modifies an adjective, a verb, or an adverb. Ex.: *Quelque riche qu'il soit,* however rich he may be.

The manager of a theatre refuses an order o a journalist who has requested to be present at the repetition of a drama.

Paris, le 2 mai 18..

Monsieur P., rédacteur du...

Ce serait avec beaucoup de plaisir que je vous enverrais une carte¹, pour assister à la répétition générale du nouveau drame de M. S...; mais je n'ai plus une seule place² à ma disposition. J'ai envoyé à tous les journaux le nombre d'entrées que j'ai l'habitude de leur donner; en outre, j'ai été obligé d'adresser de nombreuses invitations au monde officiel, aux directeurs et aux meilleurs artistes des théâtres de Paris, aux plus anciens abonnés³, aux principaux actionnaires⁴ de mon théâtre et aux personnes⁵ influentes que l'auteur m'a recommandées.

Aujourd'hui, je me trouve dans l'impossibilité de faire droit aux demandes qui m'arrivent à chaque instant⁶. Croyez, Monsieur, que je regrette vivement de ne pouvoir vous faire assister à cette répétition. J'espère être plus heureux une autre fois.

Je suis, etc.

C. LECOQ.

A music-master, overcharged with occupation, declines to give lessons to a lady.

Bordeaux, le 20 mai 18..

Mademoiselle,

Je vous remercie de l'honneur que vous me faites, en

---

1. *Carte*, card; but in this sense, it must be translated by : *order, ticket*.
2. *Place*, may be translated in English by *situation*, in speaking of employment.
3. *Abonnés*, subscribers.
4. *Actionnaires*, share-holders.
5. *Personnes*, persons. *Personne* is fem. when it expresses a man or woman, and it is a masc. indefinite pronoun when used in the sense of: *nobody, no one*.
6. *Chaque instant*, every moment. *Chaque* is always followed by a noun and implies the sing.

m'appelant¹ auprès de vous comme professeur ; c'est avec le plus grand plaisir que je vous donnerais des leçons, si mes occupations me le permettaient. Mais je suis surchargé d'ouvrage², et c'est avec peine que je mène à bien³ celui que j'ai accepté ; en prendre encore, ce serait⁴ de ma part une faute, dont trop d'élèves auraient à souffrir. Vous comprendrez sans peine, Mademoiselle, les motifs qui ont dicté mon refus, et le regret que j'éprouve de ne pouvoir accueillir votre demande.

Je suis, avec respect, etc.

Étienne REY.

Refusal to lend books.

Jeudi.

Monsieur,

Les volumes que vous me demandez complètent une série de livres de même format, reliés avec luxe, qu'il m'est impossible de séparer sans dégarnir⁵ ma bibliothèque.

D'ailleurs, la beauté de l'édition, les soins que j'ai apportés à l'entretien de la reliure⁶, les dangers auxquels ces livres seraient exposés en les transportant d'un endroit à l'autre, me mettent dans l'impossibilité de vous les envoyer. Je les tiens, néanmoins, à votre disposition, dans le cas où vous voudriez les lire ou les consulter chez moi.

Ne soyez pas étonné de mon refus⁷ ; je ne prête que dans des cas exceptionnels les livres que j'ai fait relier⁸

---

1. *En m'appelant*, in calling me; in this sense, it is : *in choosing me*. The French present participle preceded by *en* indicates the manner, the mode, etc.
2. *Ouvrage*, work.
3. *Je mène à bien*, I direct well.
4. *Ce serait*, it would be. *Ce* is used before the verb instead of *il* when it may be translated by *it*, *this*, or *that*.
5. *Dégarnir*, may be translated here by : *spoiling*.
6. *Reliure*, binding.
7. *Ne soyez pas étonné de mon refus*, do not be astonished at my refusal.
8. *Relier*, to bind.

chez M. Z...; ils sont rares, et je les garde avec un soin jaloux[1].

Vous devez comprendre cela, vous qui êtes un ardent bibliophile.

D. Monterau.

To decline tickets for a representation at the theatre:

Samedi.

Monsieur,

Décidément, je suis né sous une mauvaise étoile! Depuis longtemps, je ne rêvais qu'une petite place au théâtre *** pour voir M... dans le rôle de *Faust*[2].

Hélas! au moment de réaliser mon rêve, je me vois obligé de renoncer au plaisir que m'aurait procuré la représentation de cette pièce[3].

Je suis invité, ce soir, au bal de noce[4] d'un de mes amis : c'est la seule cause qui m'empêche d'accepter vos billets. Je ne vous remercie pas moins[5], de tout cœur, de votre obligeance, et j'espère pouvoir en profiter à la prochaine occasion.

Veuillez me croire

Votre très-dévoué serviteur.
Vincent Violet.

Mrs. T... refuses to lend Mrs. C... her jewels for an evening party.

Poitiers, le 5 août 18.

Madame,

Je suis très-contrariée[6] de ne pouvoir vous envoyer les bijoux[7] que vous me demandez.

---

1. *Avec un soin jaloux*, with jealous care.
2. *Dans le rôle de Faust*, here *jouer dans le rôle de Faust*, is understood. The verb *jouer* when relating to the theatre is rendered by *to act*.
3. *Pièce*, a piece or a play.
4. *Bal de noce*, marriage ball.
5. *Je ne vous remercie pas moins*, I thank you all the same.
6. *Je suis très-contrariée*, I am very vexed.
7. *Bijoux*, jewels.

Je vais moi-même à la soirée[1] de la comtesse M..., et je n'ai, pour une semblable occasion, qu'une parure[2] convenable à mettre.

Dans un tout autre moment[3], j'aurais pu (et cela m'aurait coûté bien peu) me priver d'aller à ce bal; vous auriez reçu immédiatement ces bijoux qui vous vont bien mieux[4] qu'à moi; mais j'ai dû céder au désir de ma mère, qui veut me présenter à tout prix[5] à la jeune comtesse[6]. Comme vous voyez, je suis obligée de ne pas faire trop mauvaise figure à côté des élégantes invitées, qui assisteront à l'inauguration des bals[7] que les jeunes mariés se proposent de donner cet hiver. J'espère être plus heureuse une autre fois, et pouvoir vous rendre le service, qu'à mon grand regret je vous refuse aujourd'hui.

Louise TERGET.

Mrs. D... invites Mrs. P..., residing at Florence, to come and pass the winter at Paris. Mrs. P..., for private reasons, is unable to accept the kind invitation.

Florence, le 3 février 18..

Madame,

Je me sens si pénétrée de reconnaissance pour la façon prévenante[8] avec laquelle vous m'avez fait la gracieuse invitation[9] de passer avec vous l'hiver à Paris, que je ne sais comment vous remercier.

Mais quelle sera votre surprise lorsque cette lettre

---

1. *Soirée*, reception, evening party.
2. *Parure*, set of jewels.
3. *Tout autre moment*, any other time. *Tout* before the adjective *autre* is invariable when it modifies this adjective; but it is variable when *tout autre* may be rendered or replaced by *quelconque*.
4. *Qui vous vont bien mieux*, which suit you better.
5. *A tout prix*, at any price.
6. *Jeune comtesse*, young countess.
7. *Bals*, balls. Let it be remembered that the plural of *bal* is *bals*.
8. *Façon prévenante*, engaging manner.
9. *Invitation*, invitation.

vous apprendra qu'il m'est impossible de profiter de votre bonté !

Le Ministre de l'instruction publique vient de charger[1] mon mari d'une mission spéciale, ce qui le met dans l'impossibilité de s'éloigner[2] de notre ville.

C'est vraiment désespérant[3], moi qui ai rêvé Paris pendant toute ma vie ! Que de plaisirs[4] vous m'auriez procurés dans cette ville universelle ! que de belles journées vous me ménagiez dans la nouvelle Babel ! que de joies, que d'émotions manquées[5] pour moi !

Hélas ! il faut faire contre mauvaise fortune bon cœur[6], et je remets la partie à des circonstances plus favorables.

Il me reste à vous remercier mille fois. Veuillez croire, Madame, à tous mes sentiments affectueux.

Marguerite Porel.

Excuse for inability to accept an invitation to a party.

Jeudi.

Cher Monsieur,

Je vous remercie de votre aimable attention. Je serais charmé[7] d'assister à votre soirée ; vos réceptions[8] sont de celles qui offrent aux invités les agréments les plus variés[9].

Mais un devoir pénible[10] me retient à la maison :

---

1. *Vient de charger*, has just confided.
2. *S'éloigner*, to leave, to go away.
3. *C'est vraiment désespérant*, it is really disheartening.
4. *Que de plaisirs*, how many pleasures. *Que de* is here exclamative and means : how much, how many.
5. *Manquées*, lost, turned out badly.
6. *Make a virtue of necessity*.

7. *Je serais charmé*, I should be delighted.
8. *Réceptions*, receptions.
9. *Les agréments les plus variés*, the most varied amusements. In the French superlative relative, when the adjective follows the noun it is always preceded by the article; whereas in English the second article is either suppressed or the adjective is transported before the noun.
10. *Pénible*, painful.

mon fils est sérieusement malade. Ce soir, son médecin, assisté de deux confrères [1], viendra le visiter et décidera s'il est nécessaire de faire une opération.

Vous voyez, cher monsieur, que ma place est ici, à consoler la mère qui se désole, à rassurer [2] le pauvre enfant, que la présence des médecins pourrait effrayer.

Bien à vous [3].

Xavier BOILEAU.

Letter to a friend announcing the impossibility to lend him money.

Toulouse, 25 avril 18..

Monsieur,

J'ai vu hier M. C... qui est venu, de votre part, me demander si je pouvais vous prêter la somme de 2,000 francs.

Je suis bien fâché [4] de ne pouvoir répondre à votre désir, comme je l'aurais voulu.

Vous tombez juste [5] dans un moment très-critique, car, moi-même [6], je suis forcé, pour me procurer des fonds [7], de vendre mes titres de rente.

Toutefois, comme je tiens à vous obliger [8], je ferai tout mon possible pour mettre à votre disposition, dans deux jours, la moitié de la somme que vous me demandez. C'est tout ce que je puis faire pour le moment; et je n'ai pas besoin de vous dire combien je suis contrarié [9] de ne pas pouvoir vous aider plus largement dans cette circonstance.

1. *Confrères*, colleagues.
2. *Rassurer*, to reassure.
3. *Bien à vous*, yours truly.
4. *Je suis bien fâché*, I am very sorry.
5. *Juste*, right, here is an adverb.
6. *Moi-même*, myself. *Même* is an adjective when it follows a pers. pronoun.
7. *Fonds*, funds, money.
8. *A vous obliger*, to oblige you.
9. *Combien je suis contrarié*, how much I regret.

Dans l'espoir d'être plus heureux une autre fois, je vous prie d'agréer mes salutations empressées.

Laurent Spuller.

A painter refuses to admit, into his studio, a young man desirous of becoming one of his pupils.

Bruxelles, le 11 août 18..

Monsieur,

J'avais promis une réponse à votre demande; malheureusement, elle n'est pas favorable. J'ai examiné les études[1] que vous m'avez laissées; elles dénotent chez vous une grande habitude[2] du dessin et un goût excellent. Vous auriez été certainement un très-bon élève et vous m'auriez sans doute fait honneur dans les concours.

Mais ma bonne volonté est impuissante en présence du peu de place[3] que j'ai à ma disposition; mon atelier[4] est rempli d'élèves.

Mais, cher Monsieur, ne regrettez pas mon refus[5]; je vous envoie une lettre de recommandation pour mon illustre collègue M. F..., qui se fera un plaisir[6] de vous recevoir, sachant que vous êtes un homme d'avenir. Pour moi, je ne cesserai de m'occuper de vous et c'est avec le plus grand plaisir que j'applaudirai à vos succès.

Croyez-moi, etc.

Bernard Sauget.

1. *Études*, in this sense, may be rendered by : copies. *Étude* may also mean *studio* or can be used in the sense of *care* implying attention spent on any work; or again it may be taken in the sense of affectation.
2. *Habitude*, practice.
3. *Place*, space.
4. *Atelier*, studio, in speaking of a room reserved for the artists.
5. *Ne regrettez pas mon refus*, do not however regret my refusal.
6. *Qui se fera un plaisir de*, who will be glad to.

CHAPTER IV

LETTERS OF CONGRATULATION AND EULOGY.

Precepts.

We must not always consider as a flatterer, him who praises us, for honest people sincerely praise actions worthy of eulogy.

Our social life does not allow us to appear indifferent to what may happen, whether agreeable or disagreeable, to those to whom we are connected by different ties.

Good manners, more frequently than friendship, dictate the letter of felicitation.

All bombast, exaggeration and flattery must be avoided for a letter of congratulation would displease, were the compliments and praise exaggerated.

Length is a great fault in a letter of congratulation; every compliment should be short, without insipidity or nonsense.

To compliment a friend on a novel of which he is the author.

Versailles, le 22 janvier 18..

Monsieur,

Je n'ai pas voulu vous remercier de votre bon souvenir avant d'avoir lu l'ouvrage en entier, afin d'être à même[1] de vous rendre toute la justice qui vous est due pour un livre destiné à un grand succès.

Mes amis savent que je ne suis pas plus porté à louer[2] qu'à blâmer; il est[3], toutefois[4], des circonstances

---

1. *Être à même*, to be able.
2. *Louer*, to praise.
3. *Il est*, it is; but in this sense must be translated by *there are*, it being a substitution for: *il y a*.
4. *Toutefois*, however.

où il faut sortir de cette neutralité ; telle est ma situation à l'égard de votre livre, que je trouve au-dessus de tout éloge.

Dans une époque où, pour se donner du ton¹, les écrivains visent² à ne pas se faire comprendre, vous avez le mérite de n'avoir pas suivi la fameuse maxime de Talleyrand : « que Dieu nous a donné la parole pour cacher³ nos pensées. » Votre roman, n'eût-il d'autres brillantes qualités, se fera toujours remarquer par la clarté et la noblesse du style.

Permettez-moi donc de vous féliciter⁴ et de vous remercier, à la fois, de tout le plaisir que m'a procuré la lecture de votre livre.

Auguste CHRÉTIEN.

To a literary man on a translation of Schiller.

Samedi.

Monsieur,

Il y a dix jours⁵, je vous ai remercié personnellement de votre traduction de Schiller, que vous avez bien voulu me donner. Aujourd'hui, je dois vous remercier du plaisir que cette lecture m'a procuré.

Ne connaissant l'allemand que d'une manière imparfaite⁶, je ne pouvais apprécier, à sa juste valeur, l'œuvre du grand poëte ; il n'appartenait qu'à vous de me ménager⁷ cette satisfaction, en enrichissant les lettres d'une traduction vraiment merveilleuse, et aussi digne⁸ d'éloges que le texte.

Il ne sera guère facile, pour ne pas dire impossible,

---

1. *Se donner du ton*, to make one self appear important.
2. *Visent*, aspire, aim.
3. *Cacher*, to hide.
4. *Féliciter*, to congratulate you.
5. *Il y a dix jours*, ten days ago.
6. *D'une manière imparfaite* (adverbial locution), imperfectly.
7. *De me ménager*, to procure me.
8. *Digne*, worthy.

aux futurs traducteurs d'atteindre un si haut degré de perfection.

Je vous en félicite pour vous et pour les lettres, et veuillez continuer à me croire

Votre très-dévoué serviteur
Henry BLANC.

To a friend named professor at a University.

Nantes, le 4 novembre 18..

Mon cher ami,

J'avais toujours été sûr[1] que tu ferais parler de toi, mais je ne croyais pas que ce fût si promptement. Je t'en félicite[2] pour l'amitié qui m'attache à toi, et pour l'intérêt que je prends à tout ce qui te regarde[3].

Ta nomination honore le gouvernement lui-même, et prouve, une fois de plus, que le mérite et le talent ne restent pas toujours oubliés[4].

J'ai appris, en même temps, que tu avais ouvert[5] ton cours au milieu[6] des applaudissements des élèves ; cela ne m'étonne pas. Reçois donc mes compliments les plus sincères sur cet heureux événement et sur tout le bonheur qui t'arrive : je partage[7] ton plaisir comme s'il n'appartenait qu'à moi seul.

Adieu, je te serre la main.
Patrice SCHOLL.

To an actor on his great success on the stage.

Dimanche.

Cher Monsieur,

S'il m'était aussi facile d'écrire une belle lettre qu'à

---

1. *Sûr*, sure. *Sur* without a circumflex accent, is a preposition and signifies *on* or *upon*.
2. *Je t'en félicite*, I congratulate you.
3. *Ce..regarde*, that concerns you.
4. *Oubliés*, forgotten.
5. *Ouvert*, opened.
6. *Au milieu*, in the midst of.
7. *Je partage*, I share.

vous de remporter un succès¹ sur la première scène de France, que de belles choses et d'heureuses pensées je vous enverrais sur votre belle création du rôle de***.

Mais je ne sais pas bien traduire par la plume tout ce que je ressens; et, par conséquent, je dois vous dire fort laconiquement que vous êtes l'acteur le mieux réussi², le plus charmant, le plus agréable et le plus comique³ que jamais scène française ait possédé depuis Talma.

Mille amitiés.   Octave ROUGET.

To a distinguished person named Commander of the order of...

Monsieur,

Quoique retiré au fond d'une province, d'où j'assiste avec indifférence aux agitations de la capitale, je ne puis me résoudre à ne pas vous féliciter de votre promotion au grade de commandeur de ***.

Je suis très-content de cette distinction qui vous arrive, parce que non-seulement le gouvernement a récompensé un éminent jurisconsulte pour les services qu'il a rendus à son pays, mais encore parce que le ministère a eu le courage, par ces temps de troubles, de prouver, une fois de plus, son inébranlable⁴ résolution de mettre en lumière⁵ et de tenir en honneur, toujours et quand même⁶, les hommes qui ne reculent jamais devant la tâche⁷ de plaider⁸ une cause juste.

---

1. *Remporter un succès*, to be so successful.
2. *L'acteur le mieux réussi*, the most successful actor.
3. *Comique*, comic. In theatrical language, the French employ the word *comique* when speaking of an actor who is in the habit of representing merry and gay subjects.
4. *Inébranlable*, firm.
5. *Mettre en lumière*, to bring before the public.
6. *Quand même*, at any cost, at any price.
7. *Qui ne reculent jamais devant la tâche*, who never fail in their duty.
8. *Plaider*, to plead.

Je ne suis sorti de ma solitude que pour vous rappeler mes sympathies, qui vous suivront toujours.

Croyez à mon sincère attachement.

Votre dévoué serviteur
F. Pastéur.

Avignon, le 12 octobre 18..

To a friend elected deputy.

Dijon, le 15 mars 18..

Cher Député,

Je ne pouvais recevoir une plus agréable nouvelle que celle de votre succès électoral.

C'est un grand honneur pour vous d'avoir réuni[1] tant de suffrages[2], mais il n'est pas moins grand pour les hommes d'ordre du collége électoral, qui ont su distinguer et faire triompher un mérite aussi incontestable que le vôtre. Ici, il n'est question que[3] de votre nouvelle dignité.

Depuis le dépouillement du scrutin[4] jusqu'à une heure fort avancée[5] de la nuit, on ne parlait que de vous. Connu ou non de vous, chacun vous félicite à sa manière; permettez donc, mon cher Député, que je me mêle[6] à ce concert de joie publique pour vous féliciter de votre titre de représentant du peuple.

C. Rodez.

To a friend named to an important post.

Mardi.

Cher Ernest,

La foule t'a montré sa joie, et pour te faire oublier les vaines paroles dont on t'a étourdi, il faut bien

---

1. *Réuni*, polled.
2. *Suffrages*, votes.
3. *Il n'est question que*, everybody speaks.
4. *Dépouillement du scrutin*, the counting of the votes.
5. *Fort avancée*, at an advanced hour, or late.
6. *Mêler*, to join in, to participate in.

que l'amitié sincère ait son tour¹. Tu me connais assez pour² ne pas attendre de moi des compliments, et tu ne doutes pas de la joie que j'ai ressentie à la nouvelle de la promotion qui t'assure un avenir brillant.

Les âmes comme la tienne ne sont pas du nombre de celles qui changent avec la fortune; aussi³, je ne crains pas d'affirmer que nos sentiments réciproques sont et resteront toujours les mêmes.

Reçois donc une bonne poignée de main⁴ de ton ami

R. BARTEL.

To congratulate a friend on his marriage.

Jeudi matin.

Monsieur,

Je ne pouvais rien apprendre de plus agréable⁵ que votre mariage avec mademoiselle⁶ M... Votre constance est enfin couronnée, et je vous en félicite : vous possédez une personne aussi vertueuse que charmante; votre sort ne peut manquer d'être heureux. Permettez, Monsieur, que je présente mes compliments à votre aimable épouse, et croyez, tous deux, que j'éprouve⁷ une véritable joie de votre bonheur mutuel.

Je suis, etc.

Prosper ADAM.

To felicitate a lady on her recovery.

Lundi.

Chère Madame,

En ma qualité d'amie, le mal ou le bien qui vous

---

1. *Que l'amitié sincère ait son tour*, that a real and sincere friendship should have its turn.
2. *Tu me connais assez pour*, you know me sufficiently well to...
3. *Aussi*, therefore, so.
4. *Poignée de main*. Literally: a shake of the hands; a formula which is often employed in French.
5. *Agréable*, agreeable or that gives me more pleasure.
6. *Mademoiselle*, Miss; plural: *mesdemoiselles*.
7. *J'éprouve*, I feel.

arrive¹ m'intéresse toujours infiniment, et vous pouvez juger de ma joie lorsque j'ai appris le rétablissement de votre santé. Mon amitié pour vous est trop vieille et trop vive, pour que je ne vous en donne pas des marques² en pareille occasion.

À l'avenir, soignez-vous mieux, afin de³ ne plus inquiéter vos amies, et soyez bien persuadée de la sincérité parfaite avec laquelle je suis, etc.

Suzanne HERVET.

CHAPTER V

LETTERS OF THANKS.

Precepts.

Gratitude is a sacred duty for him who has received a benefit.

One may promise a friend to repay him when a chance offers; but with a superior, we should acknowledge the greatness of the service, and confine ourselves to an expression of regret at the impossibility of acknowledging the service otherwise than by sentiments of gratitude.

A letter would displease if in place of a few well chosen words, coming from the heart we should fill it with bombastic phrases, or trifling and exaggerated protestations. The great art is to attach to the service rendered the value due to it, in a respectful tone, without baseness or flattery.

---

1. *Arrive*, happen. *Arriver*, to arrive, to happen, always takes the verb *être* in the compound tenses.

2. *Trop vive… des marques*, too great, too lively, not to give you proofs of it.

3. *Afin de* instead of *pour*, for.

Thanking a Minister for his patronage.

A Son Excellence le Ministre de ***.

Monsieur le Ministre,

M. le chef de service m'apprend, à l'instant[1], ma nomination au poste de.., et je profite de cette nouvelle marque d'estime pour vous témoigner ma gratitude; car je n'ignore pas que je ne dois cette promotion qu'à la bienveillance de Votre Excellence. Mais ce qui me charme[2] surtout dans votre procédé, c'est que vous m'avez accordé votre haute protection sans que je l'aie sollicitée.

Cet acte de générosité fera époque dans ma vie, et, si rien n'égale[3] votre bonté, rien non plus n'égalera le sentiment qui me la fait reconnaître.

J'ai l'honneur d'être, Monsieur le Ministre,

Votre très-humble serviteur

E. PIELLE.

Paris, le 2 juin 18..

To thank a friend for inviting you to pass a few days in his country house.

Vendredi.

Cher Monsieur,

Je suis touché de votre offre amicale, et je suis fier[4] d'avoir fait choix d'un ami tel que vous. Votre invitation est si prévenante[5], que je ne sais vraiment[6] comment vous en remercier. Je l'accepte donc, puisque vous me la faites de si bon cœur.

Seulement, veuillez m'accorder dix jours pour régler[7]

---

1. *M'apprend, à l'instant*, has just informed me.
2. *Qui me charme*, which charms me.
3. *Egale*, equals.
4. *Fier*, proud.
5. *Prévenante*, kind, engaging.
6. *Je ne sais vraiment*, I really don't know.
7. *Régler*, to arrange.

mes affaires[1]; de cette façon[2], je serai plus tranquille à mon départ.

En attendant le plaisir de vous serrer la main, je vous prie d'agréer, avec mes remercîments les plus sincères, mes salutations empressées.

P. Samson.

To thank an eminent personage for his patronage.

Monsieur,

Je m'empresse[3], Monsieur, de vous remercier de tout cœur pour la haute protection dont vous avez daigné m'honorer. Grâce à vos recommandations, je viens d'être nommé inspecteur de première classe.

Ma première pensée, après cette faveur toute particulière, est de vous adresser mes plus vifs remercîments et ceux de mes parents. Si vous le permettez, j'aurai bientôt l'honneur d'aller[4] vous témoigner[5], de vive voix, la gratitude que nous éprouvons pour tant d'obligeance et d'amabilité[6].

Votre bien reconnaissant et dévoué serviteur

R. Caron.

Lyon, le 7 août 18—.

To a Teacher.

Mercredi.

Cher Professeur,

C'est surtout depuis[7] que j'ai été jeté dans[8] les

---

1. *Affaires,* affairs. *Homme d'affaires,* agent, etc.
2. *De cette façon,* in this manner, in this way.
3. *Je m'empresse,* I hasten.
4. *Aller,* to go. The verb *venir* is also employed when it is a question of going to the place in which the person to whom one is writing, is living.
5. *Témoigner,* to express.
6. *Tant d'obligeance et d'amabilité,* so much kindness and amiability. The adverb of quantity is repeated before each word modified by it; before nouns, the preposition *de,* of, only is repeated.
7. *Depuis,* since.
8. *J'ai été jeté dans,* I have had to struggle with.

difficultés de la vie, que j'ai su apprécier les bienfaits de l'instruction et les sages conseils de mon mentor.

Je rends grâces tout d'abord[1] à mon père, qui a eu à cœur de me faire donner une bonne éducation, et ensuite au professeur qui m'a fait aimer le travail, et, avec lui, tout ce qui est grand, noble et généreux. Ma reconnaissance est sans bornes, et vos bienfaits ne sortiront jamais de ma mémoire. Je me souviendrai que vous étiez heureux du bien que vous me faisiez, et du bonheur que vous me prépariez. Vous n'avez pas été payé d'ingratitude.

Heureux celui dont l'esprit cultivé peut savourer[2] toutes les délices[3] que procure l'étude!

Je vois maintenant que la nature seule ne crée pas l'homme. Vous n'avez pas fait de moi un homme illustre, mais vous en avez fait un honnête citoyen. N'est-ce pas là le but que toute éducation doit atteidre?

Vous m'avez appris à me connaitre moi-même, vous m'avez épuré[4] le cœur et fait aimer le devoir : j'honore en vous mon second père.

Votre élève très-dévoué
Séverin Dreolle.

To thank a lady for her attention to a friend.

Cahis, le 4 septembre 18..

Madame,

Je ne sais comment vous témoigner ma reconnaissance pour toutes les attentions[5] dont vous avez voulu honorer madame B.., mon amie.

Ce sont là de ces services[6] qu'on ne paye qu'avec le cœur. Combien je regrette[7], Madame, qu'une aussi

---

1. *Tout d'abord*, first of all.
2. *Savourer*, to enjoy.
3. *Délices*, delights. Délice is masculine in the singular and feminine in the plural.
4. *Épuré*, purified.
5. *Attentions*, kindness.
6. *Ce...services*, they are favours.
7. *Combien je regrette*, how sorry I am.

grande distance me sépare de vous ! Que j'aurais été heureuse d'aller vous serrer affectueusement la main[1], et vous offrir, de vive voix[2], les remercîments que je ne puis, en ce moment, que confier au papier !

Veuillez agréer, Madame, l'expression de ma gratitude et de mon respect.

Louise MILLER.

Thanking a friend for his enquiries after your health.

Mâcon, le 2 octobre 18..

Monsieur,

Je dois vous remercier de la bonne et charmante lettre que vous m'avez écrite, et de votre empressement à[3] demander des nouvelles de ma santé. Grâce à Dieu, mes forces augmentent tous les jours, mais je les ménage[4].

J'ai surtout un appétit de collégien et la tête très-libre. Je suis sensible[5] aux vœux que vous formez pour moi : j'en désire de tout mon cœur l'accomplissement, pour continuer à vous prouver que je serai toujours

Votre dévoué
Albert MACON.

To thank a friend who has lent you some money.

Mardi matin.

Monsieur,

Jamais je n'oublierai le service que vous m'avez rendu, en mettant à ma disposition la somme que je

---

1. *Serrer affectueusement la main,* to shake hands with you.
2. *Vous offrir, de vive voix,* to offer you in person.
3. *Empressement à*, anxiety in.
4. *Mais je les ménage,* but I husband them.
5. *Sensible,* grateful.

vous avais demandée. Sans votre empressement, où en serais-je[1] ?

Dans une époque[2] où la générosité est si rare, j'apprécie tout particulièrement cette faveur : aussi, ma reconnaissance vous est acquise ; et, croyez-le bien, mon plus grand désir est de vous donner des preuves de mon inaltérable dévouement.

En vous remerciant de tout mon cœur, je vous prie d'agréer mes salutations les plus cordiales.

Gaspar Trioullet.

To a friend to thank her for the good news she sends.

Trouville, le 25 mai 18..

Ma bien-aimée,

Merci de la lettre où je vous vois si heureuse ; c'est un bonheur pour moi quand vous me paraissez contente ; ces petits nuages[3] qui viennent assombrir vos pensées m'attristent, comme vos joies me réjouissent.

Que ne puis-je vous embrasser partout où vous êtes !

J'étais inquiète de vous, et vos chères lignes me font en ce moment un bien infini : au milieu de vos délassements, vous pensez à venir me distraire.

Oh ! merci, ma bonne amie ; c'est si bon[4] d'être aimée ainsi ! Après l'amour de Dieu, rien n'est meilleur en ce monde, qui ne vaut rien[5], je vous assure. J'en ai fait l'essai : on n'y trouve que vide[6] et apparence.

Aimez-moi pour mon bonheur.

Juliette.

---

1. *Où en serais-je?*, what would have become of me?
2. *Dans une époque*, at a moment, at a time.
3. *Nuages* (m.), clouds.
4. *C'est si bon..*, it is so pleasant, it is so agreeable.
5. *Qui ne vaut rien*, which has no value.
6. *Vide*, vanity.

CHAPTER VI

LETTERS OF CONDOLENCE AND CONSOLATION,

Precepts.

Grief does not like to write, but it is pleasant to find one who consoles us in affliction!

Sincerity is the distinctive quality of a letter of condolence. Avoid all that resembles parade, shun all that appears studied. The only manner to soften grief is to partake it.

In general, letters of condolence are short: we confine ourselves to expressing our affliction at the loss of the person we address. Our duty is to write as soon as we know he is in grief.

Letters of condolence should be touching; we strive to combat one sentiment by another, in opposing to the loss what still remains.

To a friend who has lost his sister.

Londres, le 4 juin 18..

Ma chère amie,

Je viens d'apprendre[1] le malheur imprévu qui vous frappe[2]!

Quel sujet de douleur que la perte de cette pauvre sœur, qui joignait à toutes les vertus une affection si[3] sincère pour vous! Il faudra votre force d'âme pour

---

1. *Je viens d'apprendre*, I have just learnt, or heard of. The verb *venir* is often employed in the present and in the imperfect of the indicative to express an action which has recently taken place.
2. *Frappe*, strikes.
3. *Si* (adv.), so. *Si* gives an idea of degree, while *aussi* expresses a comparison.

résister à ce coup inattendu de la destinée, qui vous prive de la plus tendre compagne. Ah! que les larmes versées sur elle vous seront amères! Et, pourtant, elles seules, avec le temps, calmeront quelque peu [1] votre douleur.

Je voudrais bien être auprès de [2] vous, car la douleur aime à s'épancher [3], et la présence d'une amie est plus nécessaire dans l'adversité que dans le bonheur; mais je ne puis que vous envoyer ces quelques lignes, qui disent, bien faiblement, tout ce que j'ai dans le cœur.

Louise.

To a father on the death of his son.

Mercredi.

Monsieur,

La perte que vous venez de faire est si grande, que les consolations les plus sincères ne peuvent servir qu'à augmenter votre douleur. Cet être si cher, qui promettait d'acquérir les vertus que vous possédez à un si haut degré, quitte ce monde, où le malheur qui vous frappe l'aurait peut-être atteint un jour. On a bien raison de le dire [4] : les plus malheureux sont ceux qui restent!

Les souffrances du malade, et le regret qu'il éprouve à quitter cette terre [5] pour une patrie meilleure, ne peuvent se comparer [6] à l'éternel chagrin du malheureux père qui a vu mourir celui qui était l'objet de sa sollicitude, et l'orgueil de ses vieux jours.

Mais, Monsieur, je ne veux pas plus longtemps [7] raviver une douleur aussi grande. Les seuls adoucissements [8] que vous puissiez attendre, vous les trou-

---

1. *Quelque peu,* a little, somewhat.
2. *Auprès de,* near, with.
3. *S'épancher,* to open itself.
4. *On a bien raison de le dire,* it is but too true to say.
5. *Terre,* world.
6. *Se comparer,* to be compared.
7. *Plus longtemps,* any longer.
8. *Adoucissements,* alleviation.

verez en vous-même, dans la résignation d'une âme forte, et dans la pratique des vertus qui vous sont familières.

Recevez, Monsieur, l'assurance de mon respectueux attachement.

Votre dévoué serviteur
Frédéric Lassalle.

To a gentlemen on the death of his daughter.

Jeudi.

Monsieur,

Je viens d'apprendre [1] la triste fin de votre enfant : j'en ai été saisi, au point de ne pouvoir vous écrire. Certes, on ne pourra jamais trop regretter que Dieu n'ait pas voulu lui accorder une vie plus longue dans ce monde, où elle était si aimée. Mais si cette terre n'avait que des souffrances à lui donner [2], il serait injuste d'exiger qu'elle les eût endurées plus longtemps.

Ne craignez point [3], Monsieur, que je veuille détourner [4] ou suspendre le cours de votre affliction : j'ai trop appris à souffrir, pour n'être pas digne de m'unir à ceux qui pleurent [5]. Hélas ! ce monde est un grand mystère de douleur ! nous n'y sommes pas envoyés pour être heureux. Dieu vous laisse encore un fils : consolez-vous avec l'enfant qui vous reste, et priez pour celle que vous n'avez plus.

Numa Petit.

1. *Je viens d'apprendre*, I have just learnt, I have just heard of. See note 1, page 48.
2. *A lui donner*, to give her.
3. *Ne craignez point*, do not imagine.
4. *Détourner*, to turn.
5. *Pleurent*, weep.

To a friend on the death of his father.

Poitiers, le 4 juin 18..

Mon cher ami,

Un malheur irréparable vient de te frapper : c'est la perte la plus cruelle que tu puisses éprouver. Mes paroles ne suffiront pas à te consoler, car la perte d'un père, et d'un père comme le tien, ne peut trouver de soulagements[1] ici-bas[2].

Une chose, toutefois, doit adoucir ta douleur : c'est la satisfaction d'avoir rempli envers lui tous les devoirs d'un fils aimant et dévoué.

Je n'ai pas le courage de te parler d'autre chose, ni de t'entretenir[3] encore d'un événement si cruel : ta douleur est déjà à son comble. Mais, au milieu du deuil[4] dans lequel t'a plongé la mort prématurée de l'auteur de tes jours, rappelle-toi que tu as en moi un ami tendrement dévoué.

Jacques Branchet.

To a friend upon a family misfortune.

Florence, le 5 août 18..

Mon cher ami,

Plus je pense à la perte que tu viens de faire, plus je[5] la trouve grande, et plus j'en suis affligé. Mais tout le mal est pour toi, mon Albert, et Dieu sait si mon cœur se brise en y pensant.

Que puis-je te dire ? Mon cœur est fait pour partager[6] tes douleurs, et non pour t'en consoler.

Je regrette d'être si loin de toi ; mais je hâterai mon retour et je viendrai te tenir compagnie le mieux que je pourrai. Les malheurs dont tu es accablé, depuis

---

1. *Soulagements*, consolation.
2. *Ici-bas*, in this world.
3. *T'entretenir*, to speak to you.
4. *Deuil*, mourning.
5. *Plus je..., plus je*, the more I... the more I.
6. *Partager*, to share in, to participate in.

quelque temps, n'ont fait qu'augmenter l'amitié qui m'attache à toi, et je saisirai cette occasion pour t'en donner des preuves.

Adolphe Chipot.

To a painter who notwithstanding his talent and merit, did not gain a prize from the academy.

Mercredi.

Monsieur,

Si je connaissais mieux l'art de la flatterie, et si vous y étiez plus sensible, je vous rappellerais,[1] que les débuts[2], et souvent même les œuvres[3] entières de nos grands artistes sont restées méconnues du public, et surtout de l'Académie. Voyez X... qui, malgré vingt chefs-d'œuvre[4] et les progrès qu'il a fait faire à son art[5], n'a pu obtenir une médaille d'honneur; et combien d'autres pourrait-on nommer, qui n'ont jamais reçu de récompense académique, et qui n'ont vu que très-tard le public venir à eux et les venger des dédains officiels!

Mon cher monsieur, l'art réserve à ses adeptes des déboires qui rebutent les faibles[6]. Pour parvenir, il faut avoir en soi une grande confiance, et n'attendre, à défaut des[7] coteries[8] officielles, que l'approbation du public. C'est ce dernier qui fait les réputations, et, malgré ses injustices, lui seul établit la véritable valeur des artistes.

Vous, Monsieur, vous avez un talent original; cela

---

1. *Je vous rappellerais*, I should remind.
2. *Débuts*, beginnings.
3. *Œuvres*, works, is masculine : (1) when speaking of a collection of the works of an engraver or of a musician (2), and sometimes when employed in the elevated style in the singular.
4. *Chefs-d'œuvre*, master-pieces.
5. *Qu'il a fait faire à son art*, which he has caused his art to make. The past participle *fait* when followed by a verb in the infinitive does not change.
6. *Des déboires qui rebutent les faibles*, the bitterness which discourages the weak.
7. *A défaut des*, in the absence of.
8. *Coteries*, clique.

vous nuira peut-être dans vos concours; mais soyez sans crainte : l'avenir est à vous [1].

Casimir VULPIAN.

To an eminent person who broke his leg dismounting from his horse.

Monsieur,

Le terrible accident, dont vous avez été victime, a ému tout le monde autour de moi. Combien j'ai été effrayé moi-même, en apprenant que vos jours avaient été un moment en danger! Heureusement que de meilleures nouvelles sont venues modifier les bruits [2] exagérés que la rumeur publique avait répandus. Quel soulagement [3] pour vos amis, et surtout pour les malheureux qui ont reçu de vous des bienfaits!

Pour moi, Monsieur, qui vous ai voué une reconnaissance et un respect tout filiaux [4], je m'empresse de vous exprimer les vœux que je fais pour votre prompt rétablissement [5].

Je suis, etc.

Paul BATTAILLE.

Rouen, le 8 mars 18..

CHAPTER VII

LETTERS OF RECOMMENDATION.

Precepts.

A letter of recommendation has much resemblance to a

---

1. *L'avenir est à vous,* the future rests with you.
2. *Bruits,* reports.
3. *Soulagement,* relief.
4. *Tout filiaux* (or *filials*), filial.
5. *Rétablissement,* recovery.

letter of request; only we ask for another instead of asking for ourselves. It is founded on the circumstance which inspires it, and in general expresses the merit of the bearer, the interest we take in him, the nature of the services we solicit for him, the favour we ask, and for which we thank the person we apply to beforehand, and the gratitude we shall ourselves have for the service we request. As far as possible, we should recommend only what is recommendable or we risk compromising our credit and the obligingness of the person we address.

When we recommend a business, much care and reserve is necessary to avoid compromising the delicacy or the justice of the person you address.

To a banker recommending a young man who desires employment in his establishment.

Cambrai, le 20 mai 18..

Monsieur,

Dans la haute[1] position financière où[2] vous vous trouvez, vous recevez sans doute chaque jour des lettres de la même nature que celle-ci, je veux dire des lettres de recommandation; aussi, n'est-ce point sans me faire violence que je viens augmenter le nombre de ces importunités.

Le jeune homme, qui vous remettra cette lettre, est précisément celui en faveur de qui[3] je fais appel à votre bienveillance. Il est actif, intelligent et surtout plein de bonne volonté; il remplira certainement son service à votre entière satisfaction, si vous avez dans votre administration quelque emploi à lui confier.

Je sais qu'on ne doit recommander personne à la

---

1. *Haute*, high, eminent.
2. *Où*, in which. *Où* (where) is often employed as a rel. pronoun.
3. *De qui*, of whom.

légère[1] ; aussi, est-ce la première fois que je me décide à le faire ; c'est assez vous dire[2] que je fais bon fond[3] sur mon protégé.

Dans l'espoir que ma démarche[4] aura quelque succès, je vous prie d'agréer l'assurance de ma haute estime et de ma considération distinguée.

Votre dévoué serviteur
B. RICARD.

To a wealthy person recommending an unfortunate family.

Versailles, le 15 août 18..

Monsieur,

On n'a jamais fait en vain appel à votre générosité : aussi je suis certain que vous me remercierez de vous avoir procuré l'occasion de faire une bonne action.

Je viens vous recommander, avec tout l'intérêt qu'elle mérite, une malheureuse famille, autrefois dans une brillante position, aujourd'hui complétement ruinée. Elle se compose de cinq personnes : un homme à la fleur de l'âge[5], une femme, jeune encore, mais tous deux si abattus par les tourments dont ils sont abreuvés[6] depuis deux ans, qu'ils paraissent avoir deux fois l'âge qu'ils ont en réalité.

Ces deux malheureux ont trois enfants ; l'aîné[7] a onze ans à peine. Ces pauvres petits êtres[8] ne font qu'augmenter[9] le désespoir de leurs parents, qui souffrent des privations auxquelles leurs fils sont exposés, et qu'ils sont impuissants à faire cesser.

Je ne veux pas, Monsieur, vous raconter tous les

---

1. *A la légère*, lightly.
2. *C'est assez vous dire*, it is enough to say.
3. *Je fais bon fond*, I set much store upon.
4. *Démarche*, recommendation.
5. *A la fleur de l'âge*, in the full vigour of manhood.
6. *Abreuvés*, afflicted.
7. *L'aîné*, the eldest.
8. *Ces pauvres petits êtres*, these poor children.
9. *Ne font qu'augmenter*, only augment.

malheurs qui ont conduit, à cette position misérable, des gens [1] qui jouissaient autrefois d'une grande fortune ; ils le feront eux-mêmes, et leur récit sera bien plus touchant que le mien ; mais je puis vous affirmer que vous ne trouverez jamais des infortunés plus dignes d'exciter votre sympathie et votre charité.

Je vous prie d'agréer, Monsieur, la nouvelle assurance de la haute estime, avec laquelle je suis

Votre dévoué serviteur
Philippe ROUGET.

To recommend a master to a family.

Bordeaux, le 5 mai 18..

Monsieur,

Je vous recommande M. C..., professeur de mathématiques, qui se présentera chez vous de ma part.

Vous trouverez en lui l'homme qu'il vous faut [2] pour compléter l'éducation de votre fils. Ses certificats vous prouveront qu'il obtient de très-beaux [3] résultats avec ses élèves. Il joint à une science solide, une grande habitude de l'enseignement, et il possède à un haut degré cette qualité, qui est la première du professeur : *la patience.*

Je désire que vous lui fassiez bon accueil [4], et que vous n'ayez qu'à vous louer l'un de l'autre.

Je suis, etc.

Félix BLOUM.

To recommend a pupil to a master.

Monsieur,

Je vous envoie M. R.., qui désire prendre des leçons de...; je n'ai pas cru pouvoir mieux l'adresser.

---

1. *Des gens*, people. *Gens* is never preceded by a numer. adject.
2. *Qu'il vous faut*, necessary.
3. *Très-beaux*, very good. *Très* expresses the absolute superlative and is placed before a participial adj. or pronoun. A hyphen is generally placed between the two words.
4. *Que vous lui fassiez bon accueil*, you to receive him well.

La fortune de ses parents n'est pas grande, mais ils sont disposés à faire pour leur enfant tous les sacrifices nécessaires. Vous aurez un élève intelligent et plein de bonne volonté ; nul doute que, sous votre direction, il ne réussisse à[1] ses examens.

J'espère que vous voudrez bien tenir compte de ma recommandation, et que vous donnerez à mon protégé tous les soins que mérite sa position.

Je suis, etc.

          Ernest JOLY.

Mardi matin.

To recommend a friend who is seeking a place.

          Orléans, le 20 septembre 18..

Cher Monsieur,

M. F. vient à Paris chercher un emploi dans le commerce ; il me prie de lui donner quelques recommandations, afin de lui faciliter les démarches[2] qu'il aura à faire.

Je n'abuserai pas sans doute de votre amitié en vous priant de faire, pour M. F., ce que vous jugerez convenable, afin qu'il ne reste pas trop longtemps sans avoir une position. Il mérite, à tous égards[3], l'intérêt que vous ne manquerez pas de lui porter. Il est actif, intelligent et ambitieux ; trois qualités qui, bien dirigées, feront de lui un homme utile.

Je suis persuadé que la maison qui se l'attachera[4] n'aura qu'à se louer de ses services. Si vous-même, cher Monsieur, vous aviez besoin d'un employé, vous me feriez un grand plaisir en lui donnant la préférence sur d'autres concurrents.

Ce serait avantageux pour lui ; et, de mon côté[5], je serais charmé que[6] ma protection lui eût procuré

---

1. *Il ne réussisse à*, he will succeed in.
2. *Démarches*, steps.
3. *Tous égards*, in every respect.
4. *Qui se l'attachera*, taking him into their service.
5. *De mon côté*, on my side.
6. *Que*, if.

l'avantage de débuter[1] chez[2] un homme que j'ai toujours estimé.

Je vous remercie d'avance des démarches que vous voudrez bien faire pour mon ami.

Gratien POLLET.

To recommend a friend.

Bruxelles, le 2 septembre 18.

Ma chère Thérèse,

Je ne saurais[3] trouver une meilleure occasion pour mettre à contribution[4] votre amitié. Madame C.., une de mes bonnes amies, qui aura le plaisir de vous donner cette lettre, vient séjourner à Rome pendant un mois. Comme elle aime beaucoup la peinture, son voyage est purement artistique, et elle espère puiser[5] de nouvelles[6] inspirations dans les galeries de la ville éternelle, où sont réunis tant[7] de chefs-d'œuvre.

Pour faciliter les démarches que Madame C. aura à faire, j'ai pensé à vous et je vous la recommande avec le même empressement[8] que je vous recommanderais une sœur.

En vous remerciant du bon accueil que vous ferez[9] à Madame C., je vous prie d'agréer mes plus cordiales salutations.

AUGUSTA.

To recommend a young couple.

Lille, le 2 mars 18..

Mon cher ami,

Permettez-moi de vous présenter M. et Mme Franck,

---

1. *Débuter*, to begin.
2. *Chez*, in the house of.
3. *Je ne saurais*, I could not.
4. *Mettre à contribution*, to tax.
5. *Puiser*, to draw in.
6. *Nouvelles*, fresh.
7. *Tant*, so many.
8. *Empressement*, eagerness.
9. *Bon accueil que vous ferez*, the welcome you will give.

qui viennent visiter votre ville à l'occasion de leur voyage de noces. M. Franck, avocat distingué, est un ancien camarade[1] de collége; ses qualités personnelles le font aimer de tous ses amis. Mme Franck a pris des leçons de chant avec mon père; et, aux charmes de sa personne[2], elle joint les avantages d'une instruction accomplie[3].

Un heureux mariage a réuni les destinées de nos époux, et je suis vraiment flatté[4] de les introduire auprès de vous, afin que vous leur fassiez un accueil tout particulier.

Je ne doute pas que vous ferez de votre mieux[5], pour rendre très-agréable leur séjour en votre ville.

Veuillez agréer, cher monsieur, mes remercîments les plus sincères.

Ambroise SARCEY.

CHAPTER VIII

LETTERS OF ADVICE, OF PRESENTS, AND INVITATION.

Precepts.

What we have said in speaking of notes and letters of offer, may apply also to those of advice and invitation, which in general imply a sort of familiarity.

The principal merit of these letters is simplicity and grace. The offer or the invitation should flatter the person to whom it is sent.

---

1. *Camarade*, companion.
2. *Aux charmes de sa personne*, to an agreeable exterior.
3. *Accomplie*, finished.
4. *Je suis vraiment flatté*, I feel really flattered.
5. *Vous ferez de votre mieux*, you will do your best.

On sending a portrait.

Calais, le 20 juin 18..

Ma chère amie,

Votre photographie est arrivée ; tout le monde[1] y trouve la plus grande ressemblance avec l'original. Je vous ai promis la mienne depuis longtemps, n'est-ce pas ? Eh bien ! la voici. « Le portrait, a dit un grand poëte de notre siècle, est une satisfaction de l'amour-propre, » et un bon souvenir entre amies, lorsqu'il n'est pas donné par l'étiquette, ajouterai-je[2]. C'est à ce titre que je vous l'envoie, et vous prie d'agréer mille baisers de la part de l'original.

IRMA.

Making a present of a gun.

Paris, le 6 août 18..

Cher Monsieur,

Lorsque, il y a six mois, j'ai eu le plaisir de chasser avec vous dans les Apennins, vous m'avez montré le vif désir de posséder un fusil[3] Lefaucheux.

Aujourd'hui, je suis heureux de saisir l'occasion de vous être agréable : un de mes bons amis, partant pour votre ville, vous remettra, de ma part, le fusil en question.

Les petits cadeaux, dit-on[4], entretiennent l'amitié ; aussi vous pouvez juger de mon plaisir à vous faire un envoi que je sais être de votre goût.

Recevez, je vous prie, Monsieur, mes compliments bien affectueux.

François DURAND.

---

1. *Tout le monde*, everybody.
2. *Ajouterai-je*, shall I add.
3. *Fusil*, gun.
4. *Dit-on*, it is said.

To a master on making him a present.

Mon cher Monsieur,

Permettez-moi, en venant vous souhaiter votre fête, de vous offrir ce cadeau : c'est mon ouvrage [1]. On est si heureux [2] de travailler pour ceux que l'on aime, si heureux de leur causer une agréable surprise, et de leur prouver ainsi que, sans cesse, on pense à eux.

Avec mon modeste présent, je vous prie d'agréer l'assurance de ma sincère et profonde estime.

B. Hoche.

Jeudi.

On making a present to a friend of a book of history.

Lundi.

Mon cher Louis,

J'ai appris que ton professeur venait de commencer un cours d'histoire universelle, ce qui doit t'assujettir [3] à un travail pénible.

Si je ne me trompe, tu ne possèdes aucun ouvrage de cette nature ; or, l'occasion ne saurait être [4] meilleure pour te rendre un service : tu recevras, en même temps que ma lettre, le cours d'histoire de D.., qui est l'ouvrage le plus recommandé [5] pour ces sortes [6] de travaux.

Je serai très-heureux si tu acceptes ce petit présent, comme une nouvelle preuve de l'attachement de ton sincère ami

Raphael.

---

1. *C'est mon ouvrage*, it is my own work, it has been made by myself.
2. *On est si heureux*, one is so happy or pleased, we are so glad.
3. *Assujettir*, to compel, to subject.
4. *Ne saurait être*, could not be.
5. *Recommandé*, esteemed.
6. *Sortes*, kinds.

Inviting a painter to dinner.

Jeudi matin.

Monsieur,

A l'occasion [1] de la fête [2] de mon fils, j'ai organisé une soirée, précédée d'un dîner, auquel j'espère que vous voudrez bien assister.

Je saisirai, avec empressement, cette occasion pour vous remercier des bons conseils que vous avez donnés à votre élève, et de l'excellente direction que vous avez imprimée à son travail.

Je suis etc.,

Louis PONCET.

To invite a journalist to come and pass the Carnival at Rome.

Rome, le 4 février 18..

Cher Monsieur,

Les journaux de la *Ville éternelle* vous ont annoncé que les fêtes qui se préparent ici, à l'occasion du Carnaval, seront des plus brillantes. Plusieurs fois, vous m'avez exprimé le désir de faire une visite à la ville des Césars [3] : pourriez-vous trouver une meilleure occasion de traverser les Alpes ?

J'ai déjà fait des préparatifs pour une soirée [4] que je me propose de donner en votre honneur, et à laquelle assisteront plusieurs personnages politiques.

Allons [5], un peu de courage, et ne perdez pas de vue qu'un refus de votre part détruirait tout le plaisir que nous nous promettons.

Je veux, comprenez-vous bien ? je veux que votre

---

1. *A l'occasion*, on the occasion.
2. *Fête*, birthday.
3. *Des Césars*, of the Cæsars. Proper nouns take the sign of the plural only when they are considered as common nouns to express individuals similar to those named.
4. *Soirée*, an evening party.
5. *Allons*, come.

prochaine lettre m'annonce le jour de votre arrivée.
Mille amitiés.

S. Durand.

To invite a friend to a wedding.

Monsieur,

Vous recevrez bientôt une lettre d'invitation au mariage de mon fils avec mademoiselle R. Mais je tiens trop à votre amitié, pour[1] me contenter de vous annoncer cette heureuse nouvelle de la façon banale[2] adoptée en pareilles circonstances.

Mon fils et moi, nous comptons sur votre présence samedi à la cérémonie, ainsi qu'au[3] dîner et au bal qui aura lieu le soir.

Je vous serre bien cordialement la main.

H. Bray.

Mardi.

Inviting an actor to play at private theatricals.

Cher Monsieur,

A l'occasion de la fête de notre directeur, nous voulons jouer[4] une comédie entre amis. Nous avons besoin de votre talent, car nous ne saurions rien faire[5] sans votre concours. Le choix de la pièce n'est pas encore fait, puisqu'il importe[6] de connaître d'abord l'aptitude des amateurs. Il y aura, à cet effet, demain soir, une réunion dans une de nos salles[7]: vous n'y manquerez certainement pas.

---

1. *Mais je tiens trop à votre amitié pour*, but I attach too much importance to your friendship to...
2. *De la façon banale*, in the formal manner.
3. *Ainsi qu'au*, as well as to the.
4. *Jouer*, to play, to represent.
5. *Nous ne saurions rien faire*, we could not do anything.
6. *Il importe*, it is necessary.
7. *Salles*, rooms. The word *salle* is employed also when speaking of the interior of a theatre. *Salon* corresponds with the English word *parlour*. *Salon* is also employed in the sense of *conversazione*.

Les dames sont prêtes¹ : ma sœur et mademoiselle R... nous offrent de bonne grâce leur concours, et elles nous feront beaucoup d'honneur.

Comme il n'y a pas de temps à perdre, nous ferons, si c'est possible, la première répétition lundi soir.

N'oubliez pas le souffleur², et veuillez penser au genre de pièce qui nous conviendrait le mieux³.

En vous remerciant, d'avance, de tout ce que vous ferez pour le succès de notre entreprise, je vous serre cordialement la main.

Samedi.
N. Sanson.

To invite a lady to a pic-nic.

Mercredi.

Madame,

Vous serez bien aimable, si vous voulez faire partie de notre expédition de demain.

Nous allons à ***, voir la fête locale. Nous terminerons notre journée par un dîner sur l'herbe ; et nous assisterons ensuite au grand bal champêtre que donne la société philharmonique.

Votre présence à cette excursion⁴ sera un agrément⁵ de plus pour ceux qui auront le plaisir d'y assister avec vous. Nous ferons, de notre côté⁶, tout ce qu'il sera possible pour que vous gardiez une bonne impression de cette partie de campagne⁷.

Veuillez agréer mes salutations distinguées.

Marie Bollerot.

1. *Prêtes*, ready.
2. *Souffleur*, prompter.
3. *Qui nous conviendrait le mieux*, that would suit us best.
4. *Excursion*, pleasure party.
5. *Agrément*, amusement.
6. *De notre côté*, on our side.
7. *Partie de campagne*, pic-nic.

CHAPTER IX

LETTERS OF EXCUSE AND JUSTIFICATION.

Precepts.

When you know you are guilty of a fault, do not hesitate to repair it: it is only by doing so that your conscience will be satisfied. It is also one of the first social qualities which make us manifest our regret at having been wrong, and a sincere desire to repair our fault. There is more merit in acknowledging our fault than in persisting in our obstinacy.

Letters of excuse require a grave and serious manner; we must express our sorrow at having displeased, explain the most favourably possible the affair in question, extenuate the culpability, show our desire to repair the past, and the lively wish we have of reconquering the esteem, the friendship and kind feeling of the person offended.

To a doctor for having delayed to pay his bill.

Marseille, le 2 mars, 18..

Monsieur,

Je m'empresse[1], Monsieur, de vous prier d'agréer mes sincères excuses pour l'impolitesse dont je me suis rendu coupable envers vous, en ne réglant pas immédiatement votre note[2]. Un pareil manque[3] de délicatesse serait, en effet, impardonnable, s'il était volontaire; mais je viens de retrouver, seulement aujourd'hui, mon portefeuille où la dite note se trouvait.

Bien que je n'ose[4] penser que vous m'accusiez d'une

1. *Je m'empresse*, I hasten.
2. *Note*, bill account.
3. *Manque*, want.
4. *Bien que je n'ose*, although I do not imagine. When *oser* is employed in an absolute sense and is followed by an infinitive, the *pas* is often omitted.

si coupable indifférence envers vous, je n'en tiens pas moins à vous renseigner sur le motif de ce retard, et vous assurer que cette omission est tout involontaire de ma part.

Je vous prie de croire, plus que jamais, à mes sentiments invariables d'estime et de respect.

R. Rey.

To an offended person.

Angoulême, le 5 février 18..

Monsieur,

Pendant la discussion que nous avons eue hier, un mot un peu vif m'est échappé[1], à mon grand regret. Je ne voudrais pas[2] qu'il restât entre nous un souvenir désagréable; je vous estime trop, pour que ma pensée soit allée aussi loin que ma parole. Il faut attribuer ce mouvement d'impatience, qui m'a rendu injuste à votre égard[3], au ton un peu élevé qu'avait pris notre discussion. Il est réellement fâcheux[4] que la politique puisse faire oublier, à certains moments, que nos adversaires ne cessent pas d'être nos amis.

J'espère que ces explications dissiperont le malentendu[5] qui existe encore entre[6] nous, et que vous voudrez bien me conserver toujours votre amitié.

Paul Triat.

1. *M'est échappé*, escaped me. *Être échappé* has quite a different signification from *avoir échappé*. The former gives an idea of something done by inadvertency, while the latter is something done neither by inadvertency nor by forgetfulness.
2. *Je ne voudrais pas*, I do not wish.
3. *A votre égard*, in respect to you.
4. *Il est réellement fâcheux*, it is a great pity.
5. *Malentendu*, misunderstanding.
6. *Entre*, between, is employed either before a singular or before a plural and expresses order and precision. *Parmi*, among, is used before a plural or before a collective singular, but it does not express either order or precision.

On the same subject.

Florence, le 22 mai 18..

Chère amie,

C'est le cœur¹ tout plein d'émotions que je réponds à votre lettre du 14 mai. On me la remet à l'instant même : cela vous donne l'explication de celle que je vous ai écrite hier. Elle vous attristera peut-être ; je craignais tant que vous ne m'oubliiez ! vous que j'aime plus qu'aucune² de mes amies.

L'idée de votre oubli, de votre indifférence, m'est insupportable, et la triste expérience des cœurs fait craindre quelquefois sans raison. J'avais donc tort, bien tort de mettre votre amitié au³ nombre de celles qui s'en vont avec le temps.

Adieu, mon amie ; je vous écris et vous quitte à la hâte⁴. Ceci n'est qu'une excuse, une petite justification. Mais je suis contente d'avoir écrit, ma conscience me reprochait trop de ne pas le faire.

Toujours à vous.

Eva.

To a person who considers himself to have been insulted.

Paris, le 20 août 18..

Monsieur,

Je viens d'apprendre, avec peine, que vous avez pris du mauvais côté⁵ la petite observation que je vous ai faite, sans vouloir vous blesser⁶ ni porter atteinte⁷ à votre honneur. Si vous le croyez, je vous en fais des excuses et je rétracte, sans aucune arrière-pensée, tout ce qui peut vous avoir froissé⁸.

Je ne sais pas être ingrat ni oublier les personnes

---

1. *C'est le cœur*, with the heart. *Avec*, with, is here understood.
2. *Qu'aucune*, than any.
3. *Au*, among the.
4. *A la hâte*, in haste.
5. *Vous avez pris du mauvais côté*, you have taken in bad part.
6. *Blesser*, to offend.
7. *Porter atteinte*, to injure, to do harm to, to attack.
8. *Froissé*, wounded your feelings.

qui m'ont rendu service, et vous pouvez croire à ma sincère reconnaissance.

Je vous prie de présenter mes civilités[1] respectueuses à Mme B..., ainsi qu'à votre famille, et de leur dire les choses les plus aimables de ma part.

V. Vrignot.

Excuse for delay in answering a letter.

Avignon, le 14 mai 18..

Monsieur,

On a[2] toujours le temps de répondre à une lettre, et les meilleures excuses ne sont guère admises que pour la forme ; aussi, suis-je vraiment embarrassé pour vous en donner d'acceptables.

Si, néanmoins, un travail acharné[3], qui me prend la meilleure partie de ma journée, une foule de visites à faire ou à recevoir, une préoccupation constante au sujet de mes intérêts, pouvaient vous faire comprendre pourquoi je n'ai pas répondu plus tôt à votre lettre, j'en serais très-heureux.

Soyez certain, dans tous les cas, que je n'oublie nullement[4] votre amitié ; elle est établie trop solidement pour que mes occupations, quelque importantes qu'elles soient[5], puissent me la faire négliger plus longtemps[6].

Bien à vous.

R. Riquet.

1. *Civilités*, compliments.
2. *On a*, one has.
3. *Acharné*, unremitting.
4. *Que je n'oublie nullement*, that I by no means forget.
5. *Quelque... soient*, however... may be.
6. *Plus longtemps*, any longer.

On the same subject.

Bâle, le 10 juillet 18..

Madame,

J'ignore ce que vous devez penser de mon silence ; et que vous en dire [1], Madame ? Embarrassante question, mais pour la moitié seulement, et encore je compte assez sur votre bonne et douce façon [2] de penser, pour y trouver de l'indulgence. Dans tous les cas, accordez-la maintenant à une maladie assez grave et à une grande fatigue. Mon désir serait bien qu'il en fût autrement, et qu'un peu plus d'action fût possible à l'âme; mais, malgré qu'elle en ait, elle suit le corps dans ses affaissements [3]. Toutes ces raisons viennent m'excuser près de vous.

Certes [4], les amies sont chose assez rare pour ne pas les négliger; ce sont [5] les consolatrices de la vie.

Recevez, pour vous, l'expression ancienne et toujours nouvelle de mon amitié.

Ernestine ROBERT.

Reply.

Vienne, le 7 juin 18..

Madame,

Vous voilà tout excusée [6] auprès de moi pour votre retard à m'écrire. Outre que vos raisons sont parfaitement bonnes, je n'accuse jamais votre silence ; et, quelque long qu'il soit [7], je n'ai jamais pensé que vous puissiez m'oublier.

Nous sommes trop profondément liées pour cela,

---

1. *Que vous en dire...?*, what shall I say...?
2. *Douce façon*, kind manner.
3. *Affaissements*, depression, prostration.
4. *Certes*, in truth, indeed.
5. *Ce sont*, they are. See note 4, page 30.
6. *Tout excusée*, altogether excused.
7. *Quelque long qu'il soit*, however long it may be.

ce me semble[1]. Les choses qui tiennent à l'âme ne peuvent pas finir. Soyez donc en repos, Madame, sur les suites de votre silence. Ma lettre est finie; je ne veux cependant pas vous quitter sans vous demander des nouvelles de votre santé : c'est un si grand avantage de se bien porter !
Amitiés sans fin.

Adèle SAUGIN.

Excuse for inability to render a service.

Londres, le 2 mai 18..

Monsieur,

Votre lettre m'a vivement intéressé. Je comprends votre position et je suis désolé de ne pouvoir vous aider[2] à l'améliorer. — Je ne vous dirai pas, pour expliquer mon refus, que mes affaires sont en mauvais état, que je me trouve sans ressources. Non; mais j'ai les mains complètement liées en ce moment; mes opérations commerciales m'empêchent de distraire[3] la moindre[4] partie de mes fonds[5].

Je regrette vivement de ne pouvoir vous être utile ; j'aurais voulu[6] le faire, mais vous comprendrez que ma bonne volonté ne peut surmonter les obstacles que me créent les affaires.

Veuillez croire aux meilleurs sentiments

De votre affectionné
L. SAY.

---

1. *Ce me semble,* it seems to me. See note 4, page 30.
2. *Aider,* to help.
3. *Distraire,* to divert, to take away.
4. *La moindre,* the smallest. *Moindre,* with the article, is the superlative of *petit.*
5. *Fonds,* capital. *Fonds,* still retains the *s* even when employed in the singular to express the soil, a sum of money, a warehouse, etc.
6. *J'aurais voulu,* I should have liked.

CHAPTER X

LETTERS OF COMPLAINT AND REPROACH.

Precepts.

A well educated man is polite even in his reproaches and complaints.

This kind of letters requires more reserve and tact than the preceding; it is so difficult not to wound those we blame! However well founded a reproach may be, it must never be conceived in terms which might provoke antipathy or hatred, but rather excuse and reconciliation: the best reproach is that which offers the means of justification. A letter of reproach is grave and serious when addressed to an inferior. When obliged to reproach a superior we must adopt a tone more of prayer and of grief than of anger or resentment.

Letter of complaint from a master to the father of one of his pupils.

Amiens, le 4 juin 18..

Monsieur,

J'ai longtemps réfléchi avant de m'arrêter à la détermination[1] que je prends aujourd'hui à l'égard de[2] votre fils, mais mon devoir m'y oblige, et, à partir de demain, je ne puis plus l'admettre au nombre de mes élèves. Douceur[3], sévérité, punitions, récompenses[4], rien n'a pu dompter[5] son caractère inflexible.

---

1. *M'arrêter à la détermination,* comming to the decision.
2. *A l'égard de,* about, respecting.
3. *Douceur,* kindness.
4. *Récompenses,* rewards.
5. *Rien n'a pu dompter,* nothing has been able to overcome.

Vous devez connaître votre fils, et je crois qu'il serait plus utile de lui faire donner des leçons particulières chez vous.

Pour le remettre dans le chemin de la raison et de l'obéissance, une grande sévérité est nécessaire, et je ne doute pas que, grâce à votre autorité, on n'obtienne des résultats plus satisfaisants.

Je vous prie, Monsieur, d'agréer mes sincères regrets, et de me croire toujours

Votre dévoué serviteur
M. Marcel.

To a friend who has not written according to his promise.

Florence, le 2 mai 18..

Mon cher ami,

Depuis trois mois que j'ai reçu votre dernière lettre, je suis sans nouvelles de vous. Il faudra bien vous décider à rompre ce silence qui me cause de vives inquiétudes, malgré qu'on m'ait assuré[1], à plusieurs reprises[2], que vous êtes toujours en bonne santé.

Vous ne tenez guère, pour votre compte, les promesses que nous avons échangées avant de nous séparer. Nous ne devions pas laisser passer un mois sans nous écrire! Nous devions nous annoncer les nouvelles intéressantes que nous recueillerions[3] : moi dans mon voyage à travers[4] l'Europe; vous, pendant votre séjour à Paris. Que sont devenues ces belles résolutions?

Je ne vous verrai pas encore de longtemps[5]; mon

---

1. *Malgré qu'on m'ait assuré*, although I had been informed.
2. *A plusieurs reprises*, several times, repeatedly.
3. *Recueillerions*, we should find, we should gather.
4. *A travers*, through, across.

It is not correct to say *à travers de*; one should say: *à travers le*, or *à travers les*. *Au travers* must be followed by the preposition *de*.

5. *Je ne vous verrai encore pas de longtemps*, I shall not see you for a long time to come.

voyage est loin d'être terminé. En ce moment, je suis à Florence où je resterai un mois.

J'espère que vous allez prendre mes reproches au sérieux[1], et me dédommager, par une longue lettre, de toute la peine que votre négligence m'a causée.

Mille amitiés.

Joseph Fèvre.

Reply.

Marseille, le 19 janvier 18..

Mon cher ami,

Vous me reprochez de ne point vous donner assez souvent de mes nouvelles; j'avoue que je n'ai pas exactement rempli mes promesses; quoi qu'il en soit[2], je ne suis point[3] aussi coupable que vous le pensez, et les longs intervalles que je laisse entre toutes mes lettres ne sont point sans excuse.

Si je suis si avare de lettres, c'est que j'éprouve une difficulté énorme à rédiger[4]; mon imagination est si bornée, mon cerveau si pauvre, que, souvent, il m'est arrivé de renoncer à une lettre faute d'avoir pu en écrire même trois lignes.

Pour vous, qui possédez un esprit vif et pénétrant, vous aurez de la peine à admettre, comme possible, ma disette[5] d'idées; mais, cependant, les choses sont telles que je vous le dis.

Je donnerais tout au monde[6] pour acquérir du style; je me recommande à votre amitié pour recevoir quelques conseils de nature à m'aider à vaincre tant de

---

1. *Au sérieux*, seriously.
2. *Quoi qu'il en soit*, however.
3. *Point*, is more positive than *pas*. It is employed when the verb expresses an action which is habitual or permanent, or else when the negation is absolute. *Pas* is generally employed when speaking of something passing or accidental.
4. *A rédiger*, in writing or compiling.
5. *Disette*, scarcity, want.
6. *Tout au monde*, anything.

difficultés : vous me rendrez par là [1] le meilleur des services.

Bien à vous.

S. PIEL.

To reproach a friend for his neglect to his business.

Paris, le 3 juillet 18..

Mon cher Jules,

Si je ne me souciais guère de [2] tout ce qui peut avoir trait à ton amitié, je pourrais laisser dans le silence une foule de choses ; mais, en [3] ami loyal, je ne puis rester indifférent dans une affaire qui touche de si près à tes intérêts [4].

Ce n'est pas la première fois que je te fais des reproches, touchant [5] le peu d'activité que tu apportes dans la direction de tes affaires.

Il y a quelques mois, quand tu m'as parlé de tes rapports de commerce avec M. R.., ne t'ai-je pas prédit tout ce qui vient d'arriver ? ne t'ai-je pas engagé [6] à employer tous les moyens possibles, pour retirer de chez ce commerçant les fonds dont il était débiteur envers toi ? Tu n'as tenu aucun compte de mes conseils, et j'ai la douleur d'apprendre que tu es encore victime d'une perte considérable.

Puisse [7] cette catastrophe être la dernière que tu aies à subir ! Puisse cette nouvelle leçon de prudence te mettre sur la véritable voie de l'activité, et t'inspirer plus d'attachement à tes intérêts.

Ton ami dévoué
AUGUSTE.

---

1. *Par là,* by so doing.
2. *Si je ne me souciais guère de,* if I cared nothing about.
3. *En,* like.
4. *Qui touche de si près à tes in-térêts,* which concerns you so much.
5. *Touchant,* about, touching.
6. *Engagé,* advised.
7. *Puisse,* may.

Complaining of the bad quality of goods sent.

Rome, le 12 mars 18..

Monsieur,

J'ai reçu les marchandises que vous m'avez annoncées par lettre de voiture, en date du 5 courant. Je les ai fait prendre à la gare [1] et transporter immédiatement dans mes magasins.

Je vous avoue que ma surprise a été grande en m'apercevant que trois caisses, sur huit [2], renfermaient des objets détériorés. J'ai fait évaluer le dommage par mon premier commis [3] et par votre courtier [4] : de cet examen, il résulte que le déchet [5] occasionné par le mauvais état de l'emballage me portera un préjudice de mille francs, au moins.

Vous pensez, Monsieur, que je ne puis supporter une pareille perte, sans vous prévenir que je me verrai forcé de cesser mes affaires avec vous, si pareil fait se reproduit, et si vous ne me faites un escompte convenable sur le montant [6] de votre facture.

J'aurais pu refuser ces marchandises à la gare; mais j'ai négligé de les faire visiter [7], supposant que vous m'aviez tout expédié dans de bonnes conditions. J'attends [8] une réponse qui me fasse connaître vos intentions.

Agréez mes sincères salutations.

Daniel SAUGER.

---

1. *Je les ai fait prendre à la gare*, I sent to the station for them. *Fait*, followed by an infinitive, does not change.
2. *Sur huit*, out of eight.
3. *Premier commis*, chief clerk.
4. *Courtier*, broker.
5. *Déchet*, loss, waste.
6. *Montant*, amount, total.
7. *De les faire visiter*, to have them examined.
8. *J'attends*, I am waiting for.

CHAPTER XI

LETTERS OF RECLAMATION.

Precepts.

As we have mentioned for letters of reproach, a certain reserve is necessary for letters of reclamation, more especially as it is necessary to preserve our interest and dignity.

If obliged to ask for the reparation of an involuntary error, try to discuss your rights with moderation in appealing to the sentiments of loyalty of those who should make a reparation.

To reclaim furniture illegally seized.

Paris, le 9 juin 18..

Monsieur,

Vous avez, à la date du 8 de ce mois, fait opérer dans mon appartement une saisie[1] illégale. Je proteste de toutes mes forces[2] contre cet acte.

Un délai de quinze jours est accordé au locataire[3] pour payer son terme[4], et vous m'avez fait expulser, par huissier, le jour même de l'échéance[5].

C'est donc à tort[6] que vous détenez mon mobilier. J'ai pris, à ce sujet, des informations précises, qui ne me laissent aucun doute sur l'étendue de mon droit.

Vous aurez à faire lever immédiatement la saisie et

---

1. *Saisie*, seizure.
2. *De toutes mes forces*, vigorously.
3. *Locataire*, lodger, tenant.
4. *Terme*, rent.
5. *De l'échéance*, of its falling due.
6. *C'est donc à tort*, it is therefore wrongly. You are therefore wrong.

à me remettre en possession de ce qui m'appartient ; sinon, je me réserve d'user[1], sans ménagements[2], des droits que me confère la loi.

Edgard Tiel.

Asking for the return of books.

Monsieur,

Je vous prie de m'envoyer, le plus tôt[3] possible, les livres que je vous ai prêtés depuis six mois environ. Je vous les ai réclamés plusieurs fois, mais vous avez toujours évité de me répondre.

Je ne puis vous laisser plus longtemps[4] mes volumes ; j'ai trop souvent besoin de les consulter, et ils sont trop précieux pour que j'en dépare[5] ma bibliothèque.

Veuillez donc me les renvoyer dans le courant de la semaine, et croire à mes meilleurs sentiments.

Jean Perillot.

Jeudi.

To ask for money lent.

Vienne, le 5 août 18..

Monsieur,

Ne recevant pas de vos nouvelles, je me vois forcé de vous prévenir que l'époque à laquelle vous deviez me rendre[6] la somme que je vous ai prêtée, est passée depuis longtemps.

Vos nombreuses occupations vous auront, sans doute, fait oublier vos promesses. Si je vous les rappelle aujourd'hui, c'est parce que j'ai plusieurs traites

---

1. *D'user*, to avail myself.
2. *Sans ménagements*, without any regard, without consideration.
3. *Le plus tôt...*, as soon as,...
4. *Plus longtemps*, any longer.
5. *Pour que j'en dépare*, for me to spoil.
6. *Me rendre*, return me.

à payer à la fin du mois, et que je manque de fonds [1]
pour faire face à mes engagements.

Je compte sur une prompte réponse et suis, etc.

N. Piron.

To a lawyer on account of his negligence.

Cambrai, le 12 octobre 18..

Monsieur,

Une lettre de mon régisseur[2], reçue ce matin, m'apprend[3] que, s'étant présenté au tribunal de ..... pour avoir des renseignements exacts au sujet de mon procès contre M. R..., il a appris que vous n'aviez encore rien fait auprès du[4] tribunal pour pousser[5] l'affaire.

S'il s'agissait[6] de peu de chose, je pourrais encore attendre ; mais pour une affaire aussi considérable, je ne dois pas perdre une seule journée.

Veuillez[7] donc, Monsieur, vous occuper sérieusement de mes intérêts ; car, dans le cas contraire, je me verrais forcé de m'adresser à quelqu'un[8] de plus actif et de plus dévoué.

Agréez, Monsieur, l'assurance de toute ma considération.

R. Rousseau.

To a landlord to claim the repairs promised.

Monsieur,

Lorsque vous m'avez loué[9] l'appartement que j'occupe dans votre maison, vous vous êtes engagé[10] à

---

1. *Je manque de fonds,* I am in want of money.
2. *Regisseur,* landsteward.
3. *M'apprend,* informs me.
4. *Auprès du,* at the.
5. *Pousser,* to push forward.
6. *S'il s'agissait,* if it were a question.
7. *Veuillez,* be kind enough.
8. *Quelqu'un,* somebody.
9. *Loué,* let. The verb *louer* is employed both in the sense of TO LET and TO HIRE, and it also signifies TO PRAISE.
10. *Vous vous êtes engagé,* you engaged.

faire toutes les réparations nécessaires dès que l'hiver serait passé. Il y a quinze jours, mon fils vous a remis une lettre, dans laquelle je vous rappelais vos engagements, et vous priais d'y donner suite [1].

Comme vous n'avez donné aucun ordre à ce sujet, je vous préviens que, malgré tout mon désir de conserver avec vous de bonnes relations, je me verrai forcé d'avoir recours à la loi, si vous persistez à me refuser ce que le devoir vous impose de faire.

Agréez, Monsieur, mes civilités.

Pierre DUVAL.

Samedi.

To ask a friend for a book he has promised.

Dimanche.

Mon cher ami,

Un tiens vaut mieux que deux tu l'auras [2]. C'est à toi [3] que s'applique ce proverbe. As-tu oublié qu'il y a trois mois, tu m'as promis de me prêter la *Divine Comédie* illustrée par Gustave Doré ?

Je suis loin de te mettre au nombre de ceux qui promettent beaucoup sans jamais rien tenir ; seulement, cet ouvrage me serait très-utile en ce moment.

Puisque tu me l'as promis, envoie-le-moi tout de suite : c'est le seul moyen de me faire croire, à l'avenir, à tes promesses. Comme tu vois, ma réclamation [4] est un peu impérieuse, mais il y a assez longtemps que tu me fais attendre.

Bien à toi.

FÉLICIEN.

---

1. *D'y donner suite*, to carry out your promises.
2. *Proverb.* A bird in hand is worth two in the bush.
3. *C'est à toi*, it is to you. When the expressions *c'est à moi*, *c'est à toi*, *c'est à lui*, etc. give an idea of possession, they are translated by mine, thine, his, etc.
4. *Réclamation*, request, claim.

To claim a letter at the Post-office.

A Monsieur le Directeur général des Postes.

Monsieur le Directeur,

J'ai l'honneur de vous prier de vouloir bien faire rechercher, dans les bureaux de votre administration, une lettre adressée à Madame C., à Rome, que j'ai remise au bureau [1] de la poste de...., le 20 courant et qui n'est pas encore parvenue à son adresse.

Je suis avec respect, Monsieur le Directeur général,
Votre très-obéissant serviteur
C. Cret.

Paris, le 2 mars 18..

A milliner requests the payment of an account.

Lille, le 4 mai 18..

Madame,

Lorsque je vous ai remis le costume complet que vous m'avez commandé [2], je vous ai priée de m'en solder la facture [3], étant dans l'impossibilité de faire du crédit. Par suite [4] de la diminution de mon travail, ma gêne pécuniaire [5] a encore augmenté.

Aujourd'hui, je prends la liberté de vous adresser une nouvelle réclamation; il m'est pénible d'agir [6] ainsi, mais ma position est très-critique en ce moment, et mes fournisseurs ne me livrent qu'au comptant [7].

---

1. *Bureau*, office. This word sometimes means writing-desk.
2. *Commandé*, ordered.
3. *Je vous ai priée de m'en solder la facture*, I begged you to settle the account.
4. *Par suite*, in consequence.
5. *Gêne pécuniaire*, pecuniary difficulties.
6. *Agir*, to do, to act.
7. *Mes fournisseurs ne me livrent qu'au comptant*, my tradesmen will deliver goods to me for ready money only.

Veuillez agréer, Madame, avec mes excuses, mes respectueuses salutations.

Marie Ruelle.

CHAPTER XII

LETTERS OF COMPLIMENTS.

Precepts.

Under this title, are understood the letters written on the occasion of the new year, a birthday, a marriage, or a cure, without speaking of other events of our life which are occasions in which politeness has imposed the duty of addressing compliments.

The most useful precept that can be given on this subject consists in expressing our pleasure, and forming wishes for the happiness and health of the persons we address, while at the same time we beg them to continue their favours and patronage.

To a father wishing him a happy new year.

Valence, le 29 décembre 18..

Mon cher père,

Que de plaisir j'aurais à vous embrasser en vous souhaitant toutes sortes de prospérités, et pour cette année et pour toutes celles qui la suivront[1]! Mais notre éloignement[2] oppose à ce désir un obstacle insurmontable; ce ne sera donc que par cette lettre que je m'acquitterai d'un devoir qui est aussi pour moi la plus douce des satisfactions[3].

---

1. *Celles qui la suivront*, the following ones, those that come after, future years.
2. *Éloignement*, separation.
3. *La plus douce des satisfactions*, one of the greatest pleasures.

Je dois aujourd'hui mille[1] grâces au Ciel, et je les lui rends dans toute l'effusion de mon cœur. Puisse votre félicité, mon cher père, n'être altérée ni par les maladies ni par les malheurs ; que l'infortune n'approche jamais de vous, et que la sérénité de vos jours égale la pureté de votre cœur !

Adieu, cher père ; je vous renouvelle encore l'assurance de mon attachement, et je vous embrasse de tout mon cœur.

Votre fils affectionné
JULES.

A daughter to wish her mother a happy new year.

Bordeaux, le 31 décembre 18..

Chère maman,

Je veux commencer cette nouvelle année en vous souhaitant toute sorte de bonheur. Que[2] j'aime ce jour où mon cœur peut redire à la meilleure, à la plus tendre des mères, combien je la chéris[3], combien je la respecte !

Si j'étais près de vous, je vous offrirais un bouquet, je vous embrasserais tendrement, et je serais heureuse de recevoir les marques de votre tendresse.

Éloignée[4] de vous, je ne puis que vous écrire ; mes souhaits n'en sont pas moins sincères, et vous les connaissez trop bien, pour que je sois obligée de vous les énumérer.

Adieu, chère et bonne maman, vivez heureuse et contente ; puissent[5] tous vos désirs se réaliser, et croyez

---

1. *Mille*, thousand. The numeral adj. *mille* does not take the mark of the plural. For the date, it is shortened to *mil*. When not followed by another number or when speaking of a date prior to the Christian Era, the word *mille* is employed.
2. *Que*, exclamative, is translated by *how*.
3. *Je la chéris*, I love her.
4. *Éloignée*, separated.
5. *Puissent*, may.

qu'il n'y en aura pas un qui ne le soit, si cela dépend du tendre et sincère attachement de
      Votre affectionnée
       Louise.

To a friend.

Londres, le 15 juillet 18 ..

Mon cher monsieur,

 Je n'ignore pas que vous détestez les compliments; mais cela ne me dispensera pas de vous présenter mes vœux les plus sincères pour votre prospérité.

 Voilà une année de plus, cher monsieur, et je vous en félicite[1]. Vous me direz, peut-être, qu'il vaudrait mieux vous féliciter d'en avoir une de moins; mais, comme cela ne se peut, il faut bien se réjouir[2] des jours que l'on a[3], en quelque sorte, arrachés au temps, qui, d'un instant à l'autre, peut cesser pour nous.

 Puissions-nous vivre encore longtemps : vous, pour le bonheur de vos amis, et moi, pour jouir de votre amitié.
      Georges Garnier.

To a friend on her birthday.

Saint-Pétersbourg, le 2 mai 18..

Ma chère amie,

 Je regrette[4] vivement de ne pas être auprès de vous pour vous souhaiter votre fête[5]. Je le regrette d'au-

---

1. *Je vous en félicite*, I congratulate you.
2. *Il faut bien se réjouir*, one must rejoice.
3. *Que l'on a*, that one has. On takes the article *l'* before it whenever euphony requires it. This rule holds good when *on* is preceded by *qui, que, quoi, et, ou, ici, si*, provided it is not followed by a word commencing with *l*.
4. *Je regrette*, I am sorrow.
5. *Fête*. The French generally observe the festival of the saint after whom they are named and not their birthday.

tant plus que je ne pourrai ni vous embrasser, ni vous offrir des fleurs. Je ne puis aujourd'hui que vous exprimer toute ma tendre amitié. J'espère être plus heureuse l'année prochaine.

Recevez, en attendant, avec les souhaits[1] que je forme pour votre bonheur, l'expression de toute mon affection.

ÉLISABETH.

To an uncle to wish him a happy new year.

Paris, le 1ᵉʳ janvier 18..

Cher oncle,

Je ne veux pas laisser passer cette belle époque du jour de l'an sans vous exprimer, comme je l'ai toujours fait, toute mon affection pour vous. Un tel devoir[2] est, dans cette circonstance, ce que je puis imaginer de plus doux et de plus agréable. Et certes[3], mon cher oncle, il ne saurait en être autrement[4] après toutes les marques de bonté que je dois à votre bienveillance.

Puissiez-vous jouir d'une félicité inaltérable! Que cette félicité, après avoir duré toute cette année, se perpétue, toujours la même, pendant un grand nombre d'autres!

Conservez-moi votre affection, dont je connais trop le prix[5] pour consentir jamais à m'en voir privé: après l'affection de mes parents, c'est le plus précieux trésor de

Votre très-affectionné neveu
D. TOUCHER.

On the birthday of an aunt.

Genève, le 18 avril 18..

Ma chère tante,

Que votre vie ne se compose que d'heureux jours,

---

1. *Souhaits,* good wishes.
2. *Devoir,* duty.
3. *Certes,* really, indeed.
4. *Il ne saurait en être autrement,* it could not be otherwise.
5. *Prix,* value, importance.

et que celui de votre fête[1] soit le plus beau de tous : voilà ce que vous souhaite votre nièce, et cela non pas seulement pour cette année, mais encore pour toutes celles qui la suivront.

Aujourd'hui, ni fleurs, ni baisers ne sauraient vous être offerts par votre nièce; elle ne peut que vous exprimer ses sentiments affectueux et ses vœux sincères, inspirés par un attachement[2] toujours plus vif.

Agréez, ma chère tante, l'hommage de ces sentiments, et croyez à l'affection inaltérable de

Votre CAMILLE.

To a distinguished person.

Monsieur,

Permettez-moi de joindre mes vœux[3] de bonne année[4] à ceux qui vous seront exprimés aujourd'hui. Ils seront nombreux, si toutes les personnes que vous avez obligées ont la mémoire[5] du cœur.

Quel est celui qui, ayant eu besoin de votre protection, n'a ressenti les effets de votre générosité? Aussi[6] les souhaits de toute sorte que l'on prodigue[7] en ce jour, sont-ils sincères quand ils s'adressent à vous ; et il n'en peut être autrement, car vous vous êtes toujours servi de la haute position que vous occupez, pour le bonheur de ceux qui vous ont approché.

Je suis, avec un profond respect, Monsieur,

Votre dévoué serviteur

Adolphe SIMON.

Orléans, le 1ᵉʳ janvier 18..

1. *Fête*, see note 4, page 83.
2. *Attachement*, affection, attachment.
3. *Vœux*, wishes, prayers.
4. *Bonne année*, happy new year.
5. *Mémoire* (f.) memory. In the sense of memorial, note or account, *mémoire*, is masculine.
6. *Aussi*, therefore.
7. *Prodiguer*, to lavish.

To a patron.

Monsieur,

Pénétré des sentiments de la plus vive reconnaissance, je voudrais aujourd'hui vous dire tout ce que mon cœur éprouve.

Pendant que les faux éloges, les vœux banals [1] assaillent chaque personne, quelques hommes plus heureux reçoivent les remerciments sincères de ceux qu'ils ont obligés. Vous êtes de ceux-là, Monsieur. Vos bontés, à mon égard [2], ont été si nombreuses, que si je voulais vous exprimer la reconnaissance qu'elles m'inspirent, je craindrais de vous fatiguer.

Si je pouvais vous témoigner en personne les vœux [3] que je forme pour votre bonheur, vous ne douteriez pas un instant de ma sincérité : mais vous serez obligé de deviner ce que je ne puis écrire [4]. Veuillez me croire toujours

Votre très-dévoué serviteur
R. Max.

Paris, le 1er janvier 18..

CHAPTER XIII

LETTERS OF COUNSEL.

Precepts.

As most men ask advice when they are already decided on

---

1. *Banals,* trivial, common. It will be observed that the greater part of those adjectives which end in *al* and which form their plural by the addition of an *s* are employed more particularly in the feminine.

2. *A mon égard,* to me, towards me.

3. *Vœux,* good wishes.

4. *Je ne puis écrire,* I cannot write to you. Both after *pouvoir* and *savoir,* the negative *pas* is often omitted.

what they shall do, and in case of failure, each is disposed to throw all the fault upon those who have advised, it follows that the first principle to follow in such letters is : *never give advice when not asked.* Letters of advice require much care : the person who consults you has already decided upon what he shall do, content yourself in exposing the *pro* and *con*, the advantages and disadvantages, leaving to him the choice, and in this manner avoiding the responsibility. If your friendship or frankness are appealed to, you should, without hesitation, imagine yourself in his place, weigh all the reasons, and say conscientiously what you consider best, and how you would act in his place.

To advise a friend to undertake a voyage for the benefit of his health.

Vichy, le 2 mars 18..

Mon cher ami,

Pourquoi ne vous décidez-vous pas à entreprendre le voyage que votre médecin vous conseille de faire ?

Votre santé[1] risquerait d'être compromise, si vous restiez plus longtemps à Paris. La saison n'est guère favorable[2] aux maladies comme la vôtre ; le manque d'air pur, qui est contraire même[3] à ceux qui ont une constitution robuste, pourrait vous être funeste.

Il faut donc céder aux sollicitations de votre famille et aller chercher, dans d'autres climats, une guérison que tant de personnes attendent avec impatience.

Vous n'avez que l'embarras du choix[4] : Nice vous offre sa douce température, ses beaux jardins et de

---

1. *Santé,* health.
2. *N'est guère favorable,* is not at all favourable.
3. *Même,* even.
4. *Embarras du choix,* difficulty of choosing.

nombreuses distractions¹, qui ne vous laisseront pas le temps de regretter votre ville.

Vous trouverez en Algérie les mêmes avantages que dans notre cité² méridionale; vous aurez, en outre, l'agrément³ d'un beau voyage et le plaisir de connaître cette superbe colonie.

Mais j'aurais trop à dire sur les beautés de toutes sortes que vous découvrirez en quittant Paris ; je me contente de vous engager vivement⁴ à céder aux désirs de tous ceux qui s'intéressent à vous.

Recevez l'assurance de mon sincère attachement.

Ernest MARCEAU.

Advice to a friend who intends to enter upon a rash undertaking.

Jeudi.

Mon cher ami,

M. V... vient de m'apprendre la grande entreprise que tu projettes.

Mon devoir d'ami est de te dire ouvertement mon opinion en cette circonstance. D'après ce que m'a annoncé M. V., tu as l'intention d'acheter l'établissement⁵ des frères D. Mais as-tu une idée exacte des frais⁶ que nécessitera ton entrée dans le commerce? Ne sais-tu pas combien les affaires sont difficiles en ce moment ? As-tu assez d'expérience pour tenter une semblable entreprise⁷? As-tu quelqu'un pour te seconder? Je t'en conjure, change de projet; tu es trop jeune pour faire

---

1. *Distractions*, amusements.
2. *Cité*, city, town. VILLE, which is more generally used than CITÉ, expresses a certain agglomeration of houses or inhabitants, while CITÉ represents the VILLE as a political person having certain rights, duties, etc.
3. *Agrément*, pleasure.
4. *Engager vivement*, to strongly advise.
5. *Établissement*, house, shop, institution.
6. *Frais*, expense.
7. *Entreprise*, undertaking, attempt.

une tentative si hardie. Rappelle-toi le proverbe italien : *qui va doucement, va loin*[1].

Mille amitiés.

CHARLES.

To recommend the study of the Italian language.

Marseille, le 5 septembre 18..

Monsieur,

Vous me demandez quelle est la langue étrangère[2] dont l'étude vous serait le plus utile. Je crois que c'est l'italien.

Vous vous associez à une maison de commerce qui fait la plus grande partie de ses affaires avec l'Italie ; il est donc indispensable que vous connaissiez la langue de ceux avec qui vous allez être en relation.

Vous m'exprimez, en même temps, vos craintes sur l'avenir que ces relations offrent à votre maison. Vous doutez du progrès commercial de Gênes : vos prévisions, heureusement pour vous, ne se réaliseront pas. Une nouvelle ère de prospérité va s'ouvrir pour les ports du littoral de la Méditerranée ; le mouvement commercial, qui est en ce moment du côté de l'Atlantique, se divisera et reviendra, en partie, à son point de départ ; les ports italiens en bénéficieront[3] comme les nôtres.

Apprenez donc la langue de Machiavel et du Dante, et ne craignez pas qu'elle vous soit inutile.

Recevez, etc.

Valentin AUBRIOT.

---

1. Slow and sure.
2. *Étrangère*, foreign.
3. *En bénéficieront*, will benefit by it.

To advise a merchant not to leave France.

Monsieur, Paris, le 25 août 18..

Est-il bien vrai que vous avez pris la résolution de quitter[1] votre beau pays pour aller chercher fortune au Japon ? Mais qu'irez-vous faire là-bas, avec des ressources très-limitées, et n'ayant aucune notion de la langue si difficile du pays? Si vous étiez jeune, cela passerait encore ; mais, à votre âge, entreprendre un voyage si long, pour aller vous établir[2] dans un pays où vous n'aurez aucune relation, aucun appui! cela me semble trop téméraire.

Mais, me direz-vous, le Japon est un pays de grand avenir, d'autres y ont déjà fait leur fortune, ou sont en train de la faire[3] ; je veux bien vous accorder tout cela, mais si vous réfléchissez aux circonstances toutes différentes dans lesquelles vous voulez réaliser vos projets, vous devrez avouer[4] que votre entreprise est trop audacieuse.

Comme vous voyez, je ne suis pas encourageant[5] ; c'est que je crains[6] pour vous une véritable catastrophe, et qu'il est de mon devoir[7] de vous éclairer[8] sur votre situation.

En attendant, comptez[9] toujours sur votre
Tout dévoué
Tancrède SMOLL.

1. *Quitter,* to leave, to quit.
2. *S'établir,* to settle.
3. *Sont en train de la faire,* are doing so.
4. *Avouer,* to confess, to avow.
5. *Je ne suis pas encourageant,* what I say is not encouraging.
6. *Je crains,* I fear, from *craindre,* to fear; past participle: *craint.*
7. *Il est de mon devoir,* it is my duty.
8. *De vous éclairer,* to inform you, to enlighten you.
9. *Comptez,* rely upon.

To advise a friend to pass some time at Rome to perfect himself in the art of painting.

Compiègne, le 5 mai 18..

Mon cher Alfred,

Ton voyage d'artiste est donc décidé? Par où le commenceras-tu? Si ton choix n'est pas encore fait, je te conseille de débuter par [1] Rome.
C'est là que vont les artistes de toutes les parties du monde; c'est là que tu trouveras les plus beaux tableaux; c'est là, enfin, que tu pourras t'inspirer des plus belles conceptions, et viser à [2] la célébrité.
Profite des plus beaux moments de ta jeunesse : rappelle-toi que l'étude, secondée par le travail, finit par vaincre toute difficulté! Je fais des vœux pour [3] que tu deviennes une des gloires de notre pays.

J. JOUY.

Advice upon style.

Mardi.

Mon cher ami,

Tu m'as parlé à cœur ouvert, comme il convient [4] de le faire à un ami loyal ; eh bien! je viens relever ton courage et te prouver que les difficultés que tu crois insurmontables pour acquérir un style élégant et correct, sont moins effrayantes [5] qu'on ne le pense [6] généralement. Ne te laisse donc pas rebuter [7] par les

---

1. *Débuter par,* to begin with.
2. *Viser à la,* aim at.
3. *Je fais des vœux pour,* I ardently wish.
4. *Il convient,* it suits.
5. *Effrayantes,* terrible, dreadful.
6. *Qu'on ne le pense,* than one thinks. The pronouns *le, la, l',* or *les,* are put after the word *on* whenever the sense requires it.
7. *Ne te laisse donc pas rebuter,* do not be discouraged.

obstacles que tu rencontres ; à force de les combattre, tu finiras par en triompher¹.

Lorsque tu as à écrire, pense au but que tu te proposes, et dis chaque chose avec brièveté et clarté. Pour nourrir ton esprit², lis et relis sans cesse³ les ouvrages⁴ des littérateurs célèbres ; c'est le seul moyen d'acquérir beaucoup d'idées, et ton intelligence se développera grâce à leurs saines inspirations.

Ton imagination s'agrandira de plus en plus en suivant les préceptes de nos classiques, et ton langage se familiarisera avec les tours de phrases⁵ gracieux : voilà le véritable moyen de faire disparaître⁶, peu à peu, les difficultés que tu éprouves à exprimer tes pensées.

Le plus affectionné de tes amis
THOMAS.

To a friend who neglects her education.

Jeudi.

Ma chère Juliette,

D'après ce que ta mère me dit, tu ne te soucies guère⁷ d'acquérir une instruction solide. La science, pourtant, est un trésor que personne au monde ne peut nous enlever⁸. La jeunesse passe vite⁹, et bientôt¹⁰ l'âge arrive où l'on ne peut plus étudier comme l'on voudrait.

---

1. *Par en triompher*, by triumphing over them.
2. *Esprit*, mind. The word *esprit* is employed not only in the sense of mind but also in that of spirit and wit.
3. *Sans cesse*, without intermission.
4. *Ouvrages*, works. The word *ouvrage* (m.) must not be confounded with *œuvre* (f.). The former signifies something that is the result of manual labour while the latter gives an idea of creation or work of the brain. For example: *Chacun sera jugé selon ses œuvres* (Every one will be judged by his works); *Travailler à un ouvrage* (To be occupied at some work).
5. *Tours de phrases*, expressions.
6. *De faire disparaître*, to get rid of.
7. *Tu ne te soucies guère*, you do not trouble yourself.
8. *Nous enlever*, take away from us, deprive us of.
9. *Vite*, quickly.
10. *Bientôt*, soon, shortly.

Tu te crois à l'abri de la misère, parce que tu jouis des avantages de la fortune ; mais que deviendrais-tu si ses faveurs venaient à te manquer[1]? Ne te laisse pas éblouir[2] par ta brillante situation[3], car, souvent, l'aveugle déesse abandonne ceux qu'elle avait le plus favorisés[4].

Suis[5] mes conseils : ni la beauté, ni la richesse ne nous appartiennent pour toujours ; mais nous trouverons en toute[6] circonstance un soutien[7] inestimable dans l'instruction. Tu as des moyens[8], d'excellents professeurs, des parents dévoués[9] : profite donc des plus belles années de ta vie.

Je t'embrasse.

HENRIETTE.

CHAPTER XIV

LETTERS OF INFORMATION AND NEWS.

Precepts.

It is often a duty of politeness to give information of an event, or to inform a person upon a subject.

If you give news, be careful how you do it. Avoid

1. *Manquer*, to fail.
2. *Eblouir*, to dazzle.
3. *Situation*, position.
4. *Qu'elle avait le plus favorisés*, whom she had favoured the most. When *plus, mieux, moins* are employed as absolute superlatives, the article *le* which precedes one of the above words does *not* change, but when they are employed in a sentence expressing simple comparison it changes.
5. *Suis*, follow ; from *suivre*, to follow. Be careful not to confound *je suis* (I am) with *je suis* (I follow).
6. *Toute*, every.
7. *Soutien*, support, help.
8. *Moyens*, talents, pecuniary resources.
9. *Dévoués*, affectionate, devoted.

what is insignificant; if the news is doubtful, do not be forward to give it; if it is sad, leave, when possible, that afflicting duty to another.

It is necessary also that the news should interest those to whom you write.

To inform a friend of your departure for Japan.

Calais, le 5 mars 18..

Mon cher ami,

Je vous annonce une nouvelle à la fois bien triste et bien heureuse[1]. Bien triste, parce que, dans deux semaines, je viendrai vous faire mes adieux[2]; bien heureuse, parce que je vais établir au Japon une succursale de la maison de M... N, dont la prospérité commerciale augmente tous les jours.

Il faut donc nous séparer, et, malgré le chagrin[3] que ce départ[4] coûtera à ma famille, j'en remercie la Providence, puisqu'il s'agit de mon avenir.

Mon cœur se serre[5] à l'idée de quitter la France; mais le souvenir[6] de votre bonne amitié me suivra partout[7], et la distance qui va nous séparer ne fera que l'augmenter[8].

Adieu[9].

Georges MARLY.

1. *A la fois bien triste et bien heureuse,* which is both very sorrowful and very good.
2. *Vous faire mes adieux,* take my leave of you.
3. *Chagrin,* grief, sorrow.
4. *Départ,* (m.) departure. *Partance* is employed when speaking of a ship, etc.
5. *Mon cœur se serre,* my heart sinks within me.
6. *Souvenir,* remembrance, keepsake. *Souvenir* refers to the sentiment and *mémoire* to the mind.
7. *Partout,* everywhere.
8. *Ne fera que l'augmenter,* will but serve to augment it.
9. *Adieu,* farewell.

A young painter informs his master that his picture has been received at the exhibition.

Cher professeur,

Je suis le plus heureux des hommes [1] : mon tableau vient d'être [2] reçu par le Comité des Beaux-Arts, qui lui a assigné la plus belle place dans une des salles de l'exposition. Malgré mon travail consciencieux et les soins [3] donnés à cette première production [4] sérieuse, je n'aurais jamais osé m'attendre à un [5] tel succès.

Je suis certain que cette bonne nouvelle vous causera la plus noble des satisfactions : vous avez droit à la moitié de mon triomphe.

Le plus heureux et le plus affectionné de vos élèves

Paul SELLIER.

Mercredi.

To a friend upon the death of a young lady.

Nantes, le 6 octobre 18..

Ma chère Ernestine,

Hélas ! notre inquiétude sur la santé de notre bonne amie Eugénie n'était que trop fondée [6] : hier, à trois heures, elle nous a quittées à jamais [7] ! Non, je ne puis me faire [8] à cette pensée [9] de séparation éternelle.

---

1. *Le plus heureux des hommes*, the happiest of mortals. *Fortuné* is a synonym of *heureux*, but it is little employed.
2. *Mon tableau vient d'être*, my painting has just been.
3. *Les soins*, the care.
4. *Production*, work.
5. *Je n'aurais jamais osé m'attendre à un...*, I could never have dared to hope... *S'attendre* takes the preposition *à*.
6. *N'était que trop fondée*, was but too well-founded.
7. *A jamais*, for ever.
8. *Je ne puis me faire*, I cannot accustom myself to.
9. *Pensée*, mind, thought.

Ne plus la trouver nulle part sur la terre ! Oh ! qu'il est dur de renoncer à ses affections !

Avec quelle constance, avec quelle résignation elle a souffert la maladie qui l'a emportée[1] ! Elle obéissait aux médecins, elle consolait sa mère et ses sœurs; et, quand les forces du corps l'abandonnaient, sa religion et son énergie la soutenaient encore.

Elle est morte dans la prière, sous l'œil de notre bon curé qui admirait son ardente ferveur et sa confiante sérénité. Elle ne semblait pas regretter la vie pour elle-même ; mais elle songeait à ses sœurs et partageait[2] la douleur de sa mère, dont elle allait être séparée[3]. Dieu ne veut pas que nous nous attachions à la terre, et ne nous y laisse goûter que des semblants[4] de bonheur.

Adieu, ma chère amie, prions pour le repos de notre Eugénie.

BERTHE.

A lady writes to a friend, informing her that she intends to organize a lottery for the benefit of a poor family.

Mardi.

Madame,

Vous êtes si charitable que je veux vous faire part de mes projets au sujet d'une pauvre famille, dont le chef est infirme depuis six mois. J'ai déjà donné à la mère des robes[5], du linge et quelques secours en argent ; mais cela est insuffisant pour soulager[6] cette misère. J'ai donc l'intention de m'adresser[7] à toutes

---

1. *L'a emportée,* carried her off.
2. *Partageait,* shared.
3. *Dont-elle allait être séparée,* from whom she was so soon to be separated. The verb *aller* is often employed in French in the present and imperfect of the indicative to express an action about to take place.
4. *Semblants,* appearance, show.
5. *Robes,* gowns, dresses.
6. *Pour soulager,* to relieve, to ease.
7. *S'adresser,* to apply.

mes amies, pour réunir des objets que je mettrai en loterie¹. Je n'ai pas le moindre doute² que vous vous consacriez de bon cœur à cette œuvre³ de charité. Vous m'aiderez, j'en suis sûre, à placer⁴ le plus de billets possible.

En attendant le plaisir de vous voir, je vous prie d'agréer mes salutations respectueuses.

Marie TANVEL.

Reply to a friend who enquires after you.

Florence, le 2 août 18 .

Mon cher Monsieur,

Vous voulez de mes nouvelles; par où dois-je commencer? Je vous dirai donc d'abord⁵ que je me porte très-bien, que je lis, que je pense, que j'aime mes amis, que je ne déteste personne, que je respecte les opinions des autres et que je garde⁶ les miennes. Voilà ma vie⁷. J'ajouterai que je suis heureux d'avoir reçu votre lettre : vous comprenez qu'un de mes plus grands plaisirs, c'est de lire vos charmantes épîtres.

Si je vous avais ici, quel bonheur! N'y pensons pas, puisque y penser ne peut que donner plus de regrets. Vous me faites espérer que vous viendrez me voir l'année⁸ prochaine.

Souvenez-vous de cette promesse.

1. *Loterie*, lottery.
2. *Le moindre doute*, the slightest doubt. When *moindre* is preceded by the def. art. it is the superl. of *petit*. In the proposition which follows the word *moindre* the verb is either in the subjunctive or in the indicative according to whether it expresses doubt or supposition or it is positive.
3. *Œuvre*, work. See note 4, page 92. *Œuvre* is masculine in the elevated style and when it means the collection of all the works of an engraver.
4. *Placer*, here has the sense of *to sell*.
5. *D'abord*, in the first place.
6. *Je garde*, I keep.
7. *Voilà ma vie*, such is my life.
8. *Année*, year. *Année, journée, soirée, matinée*, express duration while *an, jour, soir, matin* express simply the period. When qualified by an adjective the word *an* is used instead of *année*.

Arrangez-vous en conséquence[1]. Un peu de courage, allons! les courageux l'emportent[2] toujours. Pensez au plaisir que vous me ferez.

R. Dumas.

To inform a friend that you will soon visit him.

Bruxelles, le 25 juillet 18..

Cher ami,

L'année scolaire[3] est finie et me voilà libre de disposer à mon gré[4] de mes vacances. Mes parents, voulant récompenser mon assiduité à l'étude, m'ont accordé la permission d'aller faire un voyage à Naples. Pense donc si je m'estime heureux de pouvoir t'annoncer que je viendrai[5] te voir dans quelques jours. Je compte toutes les minutes qui nous séparent de ce moment, si impatiemment désiré.

Juge de ma joie, à l'idée que je pourrai me promener[6] avec toi, bras dessus bras dessous[7], à *Posilippe*, à *Pompeï!* Je te quitte pour aller préparer mes malles[8]. Adieu, à bientôt.

Henri.

A young lady informs her friend of the intended marriage of a brother.

Paris, le 16 septembre 18..

Ma chère Pauline,

Nous sommes trop bonnes amies, pour ne pas nous dire tout ce qui nous fait plaisir. Je suis donc heureuse

---

1. *Arrangez-vous en conséquence,* think about it.
2. *L'emportent,* carry everything before them.
3. *Scolaire,* scholastic. *Scolastique* is employed in speaking of Aristotle's method of teaching.
4. *A mon gré,* at my pleasure.
5. *Je viendrai,* I shall come. *Venir* is employed in French when it is a question of going to the person to whom one is speaking or writing.
6. *Promener,* to walk.
7. *Bras... dessous,* arm in arm.
8. *Malles,* trunks.

de vous annoncer que mon frère Jules, qui demeure à Lyon, se marie¹ dans six semaines. Il épouse une bonne et jolie personne ; et comme, en pareille circonstance, il n'est pas possible de se passer² d'une sœur, on me veut³ à la noce : c'est ce qui me force à partir pour Lyon.

Je passerai probablement deux mois chez ma belle-sœur⁴ ; si, pendant mon séjour à Lyon, je puis vous être utile⁵, disposez de moi. L'amitié ne change pas avec les lieux.

Je suis très-sûre que cette nouvelle vous fera plaisir⁶, que vous prendrez part à mon bonheur, comme vous avez pris part à mes peines, l'an dernier, pour ce même frère malade. Que les jours se ressemblent peu⁷ ! Il est vrai que c'est nous qui les rendons gais ou tristes.

Adieu, ma chère amie ; croyez-moi, en tout temps et en tout lieu, tout à vous.

LOUISE.

To announce good news.

Dublin, le 3 mai 18..

Cher monsieur,

En réponse à la bonne nouvelle que vous m'avez communiquée dans votre lettre d'hier, je m'empresse

---

1. *Se marie*, is going to be married. The verb *se marier*, to marry, is reflective in French.
2. *Il n'est pas possible de se passer*, we cannot do without.
3. *On me veut*, they wish to have me. The verb which follows the pronoun *on* is always in the singular. The pronoun *on* stands for one, we, they or people when either of these words is employed in a general sense. It also often corresponds to the passive form as, *On dit*, it is said. Though the pronoun *on* is generally masculine, yet, when the sense clearly shows that it refers to a woman, it is feminine.
4. *Belle-sœur*, sister-in-law.
5. *Je puis vous être utile*, I can be of any service to you.
6. *Vous fera plaisir*, will please you.
7. *Que les jours se ressemblent peu!*, how little does one day resemble another!

de vous en donner une autre, dont[4] vous serez aussi satisfait que nous le sommes nous-mêmes.

Mon père vient d'être[2] nommé consul à Naples : jugez de notre joie ! J'aurais trop à faire, si je voulais vous entretenir[3] de toutes les félicitations et de tous les témoignages d'estime, dont il est l'objet depuis deux jours.

C'est à vous que j'annonce d'abord cette bonne nouvelle, parce que je suis sûr qu'elle vous fera grand plaisir et que vous prendrez part[4] au bonheur de toute ma famille.

Mes compliments les plus affectueux.

Paul Chazal.

To communicate bad news.

Paris, le 5 juin 18..

Monsieur,

Les journaux parisiens vous auront appris[5] que le chemin de fer d'Orléans vient d'être le théâtre d'un accident.

Il m'est douloureux de vous faire savoir que votre fils[6], qui se trouvait dans le convoi[7], est au nombre des blessés. Le hasard m'a amené[8] sur les lieux de la catastrophe ; j'ai reconnu votre fils, à qui j'ai eu le bonheur[9] de porter les premiers secours. Heureusement, d'après l'avis du médecin[10], la blessure qu'il a à la jambe droite n'est pas grave.

1. *Dont*, with which.
2. *Mon père vient d'être*, my father has just been.
3. *Vous entretenir*, speak to you.
4. *Vous prendrez part*, you will share.
5. *Les journaux parisiens vous auront appris*, you will have learnt from the Parisian papers. *Apprendre* is often employed in the sense of *to inform* and also *to teach*.
6. *Fils*, son. The word *fils* has the same form for the singular and the plural.
7. *Convoi*, train.
8. *Le hasard m'a amené*, by chance, I happened to go.
9. *Le bonheur*, the happiness.
10. *D'après l'avis du médecin*, in the doctor's opinion.

Inutile de vous assurer que votre fils est l'objet de tous mes soins : j'espère qu'il se rétablira rapidement.

Je n'en suis pas moins désolé d'être forcé de vous annoncer une si triste nouvelle.

Agréez, Monsieur, la nouvelle assurance de mon sincère attachement.

B. SALETTE.

CHAPTER XV

FAMILY LETTERS AND LETTERS TO FRIENDS.

Precepts.

The heart alone can dictate these letters : friendship and confidence have the right to say all. Their principal merit is the sincere and frank effusion of the sentiments felt : all constraint must be avoided.

Familiarity should never cause triviality. In the most familiar letters, we must always be careful of the respect due to rank, to age, to the degree of intimacy, and that engaging politeness always due to ladies.

To inform a gentleman that an unexpected accident will prevent you from attending his evening party.

Samedi matin.

Monsieur,

Vous serez, sans doute, bien surpris à la lecture de cette lettre. Vous savez combien j'aurais été heureux d'assister à votre soirée; je m'en faisais une véritable fête¹. Mais, hélas ! en descendant² ce matin de voiture, je me suis blessé au genou droit. Jugez de ma contrariété³. Me voilà donc étendu sur mon lit, car le médecin m'a défendu⁴ de le quitter.

Cet accident fâcheux⁵ n'aura pourtant pas de suites⁶ graves ; mais je suis désolé de ne pas pouvoir partager vos plaisirs.

Agréez, Monsieur, mes salutations cordiales.

Votre dévoué serviteur
E. Marcère.

To a cousin who has received the prize for singing.

Lundi.

Ma chère Camille,

Ta victoire est donc complète ! Cette nouvelle m'arrive juste au moment où je me disposais à t'écrire, et, certes⁷, elle m'a causé une grande joie.

Le plus cher de tes souhaits⁸ est enfin accompli ; ta persévérance et ton talent ont triomphé de tant d'obstacles ! Quel bonheur pour tes parents, et comme ils ont dû se sentir fiers de toi en entendant proclamer ton nom pour le prix d'honneur !

Je comprends bien les émotions que tu as dû ressentir⁹ ; aussi ne t'écrirai-je pas longuement, car ce serait t'arracher¹⁰ aux caresses des tiens, aux félicitations¹¹ des amis. Puisses-tu réussir¹² ainsi toujours dans la carrière que tu as choisie !

Mille baisers.

MARIE.

---

1. *Fête*, holiday.
2. *En descendant*, in coming down stairs.
3. *Contrariété*, annoyance.
4. *Défendu*, prohibited, forbidden. The verb *défendre* signifies both *to defend* and *to prohibit*. The word *prohiber* exists but it is employed only in legislation.
5. *Fâcheux*, annoying, sad.
6. *Suites*, consequence.
7. *Certes*, indeed, truly.
8. *Souhaits*, wishes.
9. *Ressentir*, to experience.
10. *T'arracher*, to take you from.
11. *Félicitations*, congratulations.
12. *Réussir*, to succeed.

To invite an aunt to a family party.

Mercredi.

Ma chère tante,

Puisque, hier, je n'ai pas eu le plaisir de te rencontrer[1] au théâtre, je vais te dire en deux mots ce que j'attends de toi. Tu sais que c'est après-demain la fête de mon père.

Il va arriver de Londres dans la matinée[2], et maman serait bien heureuse de nous voir tous réunis à la gare[3] à son arrivée. Tu n'y manqueras pas, j'en suis sûre. Le soir, il y aura grand dîner, et l'on dansera jusqu'à quatre heures du matin. De mon côté[4], je te ménage[5] une surprise dont tu n'auras qu'à te féliciter[6].

Adieu, ma bonne tante.

Ta nièce affectionnée

LOUISE.

To a sister giving news of the health of their mother.

Spa, le 4 juillet 18..

Ma chère Anna,

Dieu soit loué[7] ! J'ai enfin de meilleures nouvelles à te donner de notre bonne mère. Quoique la fièvre persiste encore, le médecin paraît[8] beaucoup plus tranquille ; il pense que maman pourra quitter le lit dans une quinzaine de jours. C'est bien long ! n'est-ce pas ? mais si tu voyais comme elle est faible ! Aussi,

---

1. *Te rencontrer*, to find, to meet.
2. *Matinée*, morning.
3. *Gare*, terminus, station. *Gare* is generally employed when speaking of some important station and *station* when speaking of a secondary one.
4. *De mon côté*, on my part.
5. *Je te ménage*, I am preparing.
6. *Te féliciter*, to congratulate yourself.
7. *Dieu soit loué*, God be praised.
8. *Paraît*, appears, from *paraître*, to seem, to appear: (irreg. verb).

la convalescence sera longue et réclamera les plus grandes précautions.

En somme, nous commençons à passer des jours plus calmes, et je suis très-heureuse de t'apprendre[1] cette nouvelle.

Tout le monde t'embrasse.

ÉMILIE.

Description of a journey.

Naples, le 4 octobre 18..

Cher père,

Mon voyage à Naples a été très-heureux, si heureux que je ne puis pas m'empêcher[2] de t'en envoyer une petite relation.

Le trajet de Paris à Modane a offert à mes yeux une foule[3] de beautés, dont je n'avais qu'une idée très-imparfaite. Dès que[4] j'ai vu le tunnel du Mont-Cenis, j'ai éprouvé[5] une sorte d'enthousiasme pour ce travail gigantesque, véritable gloire du xixe siècle.

Peu de minutes après, je me trouvai sur le sol italien. Quelles jolies villes que Turin et Milan[6]! Que de merveilles renferment leurs églises, leurs musées, leurs bibliothèques!

Je ne me suis pas arrêté à Bologne, car j'étais trop pressé d'arriver à Florence et à Rome.

Que te dirai-je de ces villes, berceaux de l'art moderne! Devant tant de merveilles, tant de monuments, l'on est tenté de croire[7] que là seulement se trouve l'asile du beau.

Et Naples? Il me faudrait des volumes pour te don-

---

1. *Apprendre,* to give, to announce.
2. *Je ne puis m'empêcher,* I cannot refrain.
3. *Foule,* host, number.
4. *Dès que,* as soon as.
5. *J'ai éprouvé..,* I felt... *Éprouver* also signifies *to prove.*
6. *Quelles jolies villes que Turin et Milan!,* what pretty towns Turin and Milan are!
7. *Croire,* to think.

ner une description même incomplète de cette reine de la Méditerranée[1].

Je fais des progrès en italien, et je comprends tout ce que me disent les *ciceroni*[2].

Adieu, cher père, ton fils t'embrasse du haut du Vésuve.

Henri.

CHAPTER XVI

BUSINESS LETTERS.

Precepts.

Business letters are generally divided into *commercial, administrative,* and letters of *affairs.* For commercial letters, we refer our readers to the second part of this work, in which this subject is treated with all the necessary extension. Business letters should treat exclusively of the subject in question, and expose it with all the clearness and conciseness possible, without preamble or affectation.

Replies to business letters should be clear, precise and explicit.

A copy should be kept of all letters of business or administration.

---

1. *Méditerranée.* The word *mer,* sea, being feminine in French, all the names of seas are consequenly feminine.

2. The French write: *des ciceroni, des carbonari, des dilettanti,* etc. just as they are written in Italian.

Offering to sell a leather warehouse to a merchant.

Rouen, le 12 avril 18..

Monsieur,

Il y a trois mois, vous m'avez manifesté le désir, si je venais à me retirer des affaires, d'acheter mon magasin de cuirs[1]. Aujourd'hui, je suis décidé à m'en défaire[2], et, si vous êtes toujours dans la même intention, je serais très-heureux d'entrer en arrangement avec vous[3]. Le prix est de 80,000 francs.

J'attends votre réponse par retour du courrier[4]. Je fais, en moyenne[5], 150,000 fr. d'affaires, chiffre que je pourrai justifier par mes livres.

Ma clientèle est excellente, et, quant au payement, je vous laisserai toute facilité pour l'effectuer.

Agréez, je vous prie, mes salutations empressées.

Félix Brébant.

To beg a correspondent to undertake several commissions.

Bordeaux, le 4 août 18..

Monsieur,

Je profite de votre obligeance[6] pour vous prier de vous charger de quelques commissions dans votre ville. En voici l'énumération :

1° Retirer à la Mairie[7] l'extrait mortuaire[8] de M. D., que vous ferez légaliser au consulat de France, avant de me l'expédier[9].

1. *Cuirs,* leather.
2. *M'en défaire,* to get rid of it.
3. *D'entrer en arrangement avec vous,* to come to some arrangement with you.
4. *Par retour du courrier,* by return of post.
5. *En moyenne,* on an average.
6. *Obligeance,* kindness.
7. *Mairie,* mayor's offices, town hall.
8. *L'extrait mortuaire,* the burial certificate.
9. *Expédier,* to send, to despatch.

2° Presser[1] M. V... de m'envoyer, le plus tôt possible, les marchandises que je lui ai demandées.

3° Se présenter de ma part chez M. R..., avocat, rue... et lui demander s'il a reçu ma procuration.

Je vous fais mes excuses pour tout ce dérangement[2], et je serais heureux si vous mettiez aussi mon amitié à contribution.

Mille salutations amicales.

Patrice Donné.

Instructions to sell a house at Vienna.

Moscou, le 7 février 18.

Monsieur,

Des revers de fortune[3] m'obligent à vendre, le plus tôt possible, la maison que je possède à Vienne, rue... n°... Si, par votre entremise[4], je parviens à trouver un acheteur, je m'engage à vous remettre 2 % sur la somme de 60,000 francs, prix que je voudrais retirer[5] de ma maison.

Il est bien entendu que votre courtage ne sera exigible que[6] le jour où l'acquéreur[7] fera son premier payement en espèces[8].

Dans l'attente de votre réponse, j'ai l'honneur de vous saluer.

M. Peteroff.

---

1. *Presser*, to urge.
2. *Dérangement*, trouble.
3. *Des revers de fortune*, reverses or some losses I have sustained. A noun taken in a partitive sense is in French always preceded by one of the prepositions *de, du, de la, des*.
4. *Par votre entremise*, through you or by your instrumentality.
5. *Retirer*, to obtain.
6. *Le courtage..... que*, your brokerage will be payable only.
7. *Où l'acquéreur*, in which the purchaser.
8. *En espèces*, in cash.

Information respecting a person who offers himself as representantive for a house of business.

Glasgow, le 2 mars 18..

Monsieur,

Vous m'avez prié de vous communiquer des renseignements exacts sur la personne à qui vous avez l'intention de confier l'administration de vos affaires, à Londres. Voici le résultat de mes recherches[1] : M.R., la personne en question, jouit de la réputation d'un fort honnête homme[2] ; mais, malheureusement pour lui, il n'a aucune des qualités nécessaires à un bon commerçant.

Il possédait en 187... une jolie fortune, mais, s'étant imprudemment lancé dans le commerce des soies grèges[3], il y perdit les deux tiers de son capital.

Peu de temps après, il entreprit la fabrication des alcools; mais, faute de prévoyance, il ne fut pas, dans ses spéculations, plus heureux qu'auparavant.

Comme vous voyez, je ne plaide pas sa cause ; j'ai dû[4] vous dire consciencieusement toute la vérité.

Toujours prêt à vous obliger en pareille occasion, je vous prie d'agréer mes cordiales salutations.

S. Olivier.

To ask information respecting a public sale.

Reims, le 5 mai 18..

Monsieur,

J'apprends, à l'instant, qu'une vente de meubles anciens doit avoir lieu, sous peu[5], dans votre ville; mais n'ayant aucun détail sur cette opération, je viens

---

1. *Recherches*, enquiries.
2. *Fort honnête homme*, very honest man.
3. *Soies grèges*, raw silks.
4. *J'ai dû*, I have felt it my duty.
5. *Sous peu*, in a short time.

vous prier de me donner des renseignements exacts à ce sujet.

Peut-être, trouverai-je dans cette collection quelque chose à mon goût; mais, comme il arrive souvent que les ventes de cette nature ne sont pas très-importantes, vous serez bien aimable de me dire si l'affaire vaut la peine que je me déplace [1].

J'ose espérer que vous ne me refuserez pas ce service; de mon côté, si je pouvais vous être également agréable, veuillez croire que j'en saisirais l'occasion avec empressement.

Agréez, je vous prie, l'expression de mes sentiments distingués.

Robert BREGUET.

To request an interview with a notary.

Paris, le 4 novembre 18..

Monsieur,

Je suis venu deux fois à votre étude, sans avoir le plaisir de vous trouver. Comme je désire vous parler d'une affaire assez importante, je viens vous prier d'avoir l'obligeance de me fixer l'heure à laquelle je pourrai vous rencontrer.

J'ai l'honneur d'être, Monsieur,

Votre dévoué serviteur
Louis VIENNOT.

To request a delay for payment of an account.

Pau, le 15 octobre 18..

Monsieur,

Je viens vous prier de vouloir bien m'accorder le

---

1. *Que je me déplace*, ...is worth while my troubling myself.

délai d'un mois pour le règlement [1] de votre facture du...

Différentes sommes, sur la rentrée [2] desquelles je comptais, ne me sont pas encore parvenues, et je n'ose en presser [3] le paiement, dans la crainte de perdre mes clients. Je vous tiendrai compte des intérêts pour le retard, et vous prie de me conserver votre confiance, à laquelle j'attache le plus grand prix [4].

Recevez, Monsieur, mes salutations empressées.

R. Hayez.

Affirmative answer.

Toulouse, le 20 octobre 18..

Monsieur,

Répondant à votre lettre du..., je n'hésite pas à vous accorder le délai d'un mois que vous me demandez, persuadé que votre remise comprendra les intérêts pour le retard. Cependant, je vous prie de mettre, après ce terme, un peu plus d'exactitude dans vos paiements, afin de m'engager à resserrer nos liens commerciaux au mieux de nos intérêts respectifs.

Agréez, Monsieur, mes sincères salutations.

Robert Ducy.

Letter to tranquillize a debtor.

Paris, le 12 novembre 18..

Monsieur,

Notre ami commun, B... vient de m'apprendre que vous êtes en proie à une vive inquiétude, au sujet de [5] la somme que vous me devez, et que c'est moi qui suis la cause involontaire de votre préoccupation.

---

1. *Règlement*, settlement.
2. *Rentrée*, receipt.
3. *En presser*, to urge... of them.
4. *J'attache le plus grand prix*, I attach the greatest importance.
5. *Au sujet de*, about.

Rassurez-vous[1], Monsieur, je n'ai pas eu l'intention de vous causer de la peine : les motifs qui retardent votre paiement sont trop sérieux, pour que j'en vienne jamais avec vous à aucune extrémité.

Vous pouvez donc compter sur ma patience ; ne venez vous acquitter envers moi[2] que lorsque vous pourrez le faire, sans que cette liquidation porte atteinte[3] à votre commerce.

Agréez mes salutations sincères.

Louis Grand.

CHAPTER XVII

NOTES

Precepts.

Notes are short letters written to persons living in or near the same city or place in which the writer is living. They are also addressed to persons occupying a position inferior to that of the writer or else are formal letters containing an invitation, or a request. Sometimes, they are also written to give news in a few words.

Notes are generally written in the third person, but the first person may be employed when necessary to obtain greater clearness.

Invitation to dinner.

Monsieur et Madame B... présentent leurs respects à Monsieur et Madame R... et les prient de venir dîner avec eux demain, à 6 heures.

---

1. *Rassurez-vous*, tranquillize yourself.
2. *Ne venez-vous acquitter envers moi*, do not trouble yourself to come and settle your account.
3. *Atteinte*, injury, harm.

Reply accepting invitation.

Monsieur et Madame R... acceptent l'honneur que leur font Monsieur et Madame B..., et ils s'empresseront de se rendre à leur invitation.

Reply refusing invitation.

Monsieur et Madame R... sont désolés de ne pouvoir répondre à l'honneur que leur font Monsieur et Madame B..., mais ils s'étaient déjà engagés.

Invitation to dinner.

Monsieur de M... serait bien aimable s'il pouvait, aujourd'hui, venir dîner chez Monsieur L..., qui l'en prie avec instance, et lui fait mille compliments.

Invitation to dinner.

Mille compliments de Madame D... à Madame C...; elle la prie de lui accorder le plaisir de sa société à dîner, dimanche prochain. On se mettra à table à 7 heures.

Reply accepting invitation.

Mille compliments de Madame C...; elle ne manquera pas de se rendre à l'invitation de Madame D...

Invitation to dinner.

Neuf heures du matin.

Mon cher ami, je vous attends à dîner aujourd'hui, et j'espère que je serai assez heureux pour que rien ne vous empêche de répondre à mon invitation.

R...

Reply regretting inability to accept.

Votre invitation est arrivée trop tard, mon cher ami ; j'ai promis un rendez-vous pour une affaire pressante. Je compterai un jour heureux de moins dans ma vie.

P...

Invitation to an evening party.

Le docteur B... et Madame B... prient Monsieur R.. de leur faire l'honneur de venir passer la soirée chez eux le vendredi, 6 février...

On dansera.

7, rue de la Paix.

Another, same subject.

Monsieur V..., député, et Madame la comtesse V... prient Monsieur et Madame N... de leur faire l'honneur de venir passer chez eux la soirée du samedi, 4 avril.

Invitation for the theatre.

Madame de P... a ce soir une loge à l'Opéra. Le plaisir du spectacle sera doublé pour elle, si elle peut avoir l'avantage de le partager avec Madame F..., à qui elle offre une place.

R. S. V. P.[1]

Invitation.

Si Monsieur B... peut disposer d'un moment, demain à huit heures du soir, il obligera beaucoup Monsieur G... en passant chez lui.

Reply.

Monsieur B... aura l'honneur de se rendre demain chez Monsieur G..., ainsi qu'il le désire.

---

1. *Réponse s'il vous plaît*, answer, if you please.

SECOND PART

COMMERCIAL LETTERS

GENERAL RULES
FOR
COMMERCIAL CORRESPONDENCE.

Commercial correspondence is an interchange between merchants of letters having reference to their business.

It may be considered as the soul of business : speculations, purchases, sales or contracts are generally discussed and concluded by letter. If it is neglected, correspondents become careless and business consequently diminishes little by little; if it is kept active it promotes orders and procures success.

Commercial letters should be above all clear and to the point and free from all redundancy, for to a merchant a waste of words is a waste of time. « Say only what is necessary and nothing more, » is a precept that cannot be too fully impressed on the pupil's mind.

When writing to a correspondent you should first acknowledge the receipt of his last letter and confirm your last to him. In your answer you would do will to mention the date of the letter you are answering and even to repeat in a summary manner the object it had in view. You should also in your reply observe the same order and discuss one subject fully and in a separate paragraph before passing on to another.

LIST
OF THE
PRINCIPAL ABBREVIATIONS
EMPLOYED
IN FRENCH COMMERCIAL CORRESPONDENCE.

art.	*article*	article.
b/	*balle*	bale, package.
b. p.	*bon pour*	good for.
c.	*centimes*	centimes.
c^{ie}	*compagnie*	company.
compt^t	*comptant*	cash, ready money.
c^{te}	*compte*	account.
c^t, c^{nt}	*courant*	current, instant.
d^o	*dito*	ditto.
d^r	*dernier*	ult.
ens^{ble}	*ensemble*	together.
esc^{te}	*escompte*	discount.
fr., fr.	*franc*	franc.
f^{re}	*frère, facture*	brother, invoice.
id.	*idem*	idem.
l/	*leur, leurs*	their.
m/	*mon, ma, mes*	my.
m/ b^t	*mon billet*	my draft.
m/ c^{te}	*mon compte*	my account.
m^{ses}	*marchandises*	goods.
n/	*notre, nos, nous*	our, we.
n/ b^t	*notre billet*	our draft.
n^o	*numéro*	number.
o/	*ordre*	order.
pr.	*pour*	per.
p. $^o/_o$	*pour cent*	per cent.
p. $^{oo}/_{oo}$	*pour mille*	per thousand.
p. m/c	*pour mon compte*	for my account.
p. n/c	*pour notre compte*	for our account.
p. s/c	*pour son compte*	for his account.
p. v/c	*pour votre compte*	for your account.
qque	*quelque*	some.
q^{té}	*qualité*	quality.
s/	*son, sa, ses, sur*	his, on.
s/ b^t	*son billet*	his draft.
s^{de}	*solde*	balance.
s^r	*sieur*	Mr.
s. e. o. o.	*sauf erreur ou omission*	Errors and omissions excepted.
t^{tes}	*traites*	drafts.
v/	*votre, vos, vous*	your, you.
val^r	*valeur*	value.
v/ b^t	*votre billet*	your draft.

FIRST CHAPTER

TRADE CIRCULARS AND NOTICES

Precepts.

The circular is sent on the opening of a house of business. When a firm has long existed, the circular serves also to inform the public of the various changes that have taken place, either through an extension of business, or through a modification of the firm.

The circular should inform the customers exactly upon all the advantages offered by the firm which sends it, and upon the nature of the business undertaken.

It can be drawn up in various forms, it is for the sender to select that which would most please the public.

Circular announcing the establishment of a firm, for banking and exchange.

Paris, le 4 juin 18..

Monsieur,

Nous avons l'honneur de vous annoncer que nous venons de fonder, dans cette ville, une maison de commerce, spécialement consacrée aux affaires de banque et de change.

Nous vous prions de croire que nous apporterons le plus grand soin [1] à exécuter les ordres dont vous voudrez bien nous honorer.

N'ayant pas l'avantage [2] d'être connus de vous, nous nous en référons, en ce qui est du [3] crédit [4] que

---

1. *Nous apporterons le plus grand soin,* we shall use the greatest care, we shall be careful.
2. *N'ayant pas l'avantage,* not having the honour.
3. *En ce qui est du..,* as far as regards the...
4. *Crédit,* trust.

nous méritons, au bon témoignage de M. C..., banquier à Vienne, qui nous connaît personnellement depuis longtemps.

Ci-joint, le détail de nos cours et nos conditions.

Veuillez prendre bonne note de nos signatures et agréer nos salutations empressées.

Frully et Capon.

M. Frully signera **
» Capon signera **

Establishment of agency for the sale of chemical productions.

Lyon, le 1er mars 18..

Monsieur,

Nous avons le plaisir de vous informer que, notre fabrication de *Produits chimiques* prenant chaque jour une plus grande extension[1], nous avons dû instituer[2] une agence spéciale pour ces produits sur la place de[3] Paris, et que nous l'avons confiée à M. Boumart, 70, boulevard des Capucines, qui aura l'honneur de vous visiter[4] régulièrement et de vous faire nos offres de services.

Comme par le passé, M. Cerf, 70, rue Hauteville, continuera à nous représenter pour nos vernis.

Nous vous prions, Monsieur, de vouloir bien accorder à nos agents votre meilleur accueil[5] et la préférence de vos ordres, vous assurant, de notre part[6], que nos meilleurs soins seront réservés à leur exécution[7].

Veuillez agréer, Monsieur, nos salutations les plus distinguées.

G. Denis fils et Renard.

1. *Prenant... extension*, acquiring more and more importance every day, becoming more and more important every day.
2. *Nous avons dû instituer*, we have been obliged to open.
3. *Sur la place de*, in.
4. *Vous visiter*, to call upon you.
5. *Votre meilleur accueil*, a good reception, welcome.
6. *De notre part*, on our part.
7. *Exécution*, performance.

Creation of agency for the forwarding of goods and the execution of commissions, etc.

Marseille, le 12 avril 18..

Monsieur,

Nous avons l'honneur de vous annoncer que nous venons de fonder, dans cette ville, une agence d'expédition et de commission, de représentation[1] de maisons nationales et étrangères[2], sous la raison sociale *Chopin et Furne.*

De l'activité et des moyens suffisants, voilà les qualités par lesquelles nous espérons justifier la confiance dont vous voudrez nous honorer.

Nous vous prions de prendre note de nos signatures, et, dans l'attente[3] d'être favorisés de vos ordres, nous avons l'honneur de vous saluer.

CHOPIN et FURNE.

M. Chopin signera **
» Furne signera **

Références.

M. G. Galbeau, banquier, Turin.
» L. Ruspo, banquier, Londres.

Announcing dissolution of partnership and formation of a new firm.

Lyon, le 2 mai 18..

Monsieur,

Par ma lettre circulaire du 15 courant, j'ai eu l'honneur de vous faire part[4] que la société, que j'avais formée avec MM. R.. et L.., a été dissoute[5] d'un commun accord.

1. *Représentation*, representative.
2. *Étrangères*, foreign.
3. *Dans l'attente*, hoping.
4. *Faire part*, to inform.
5. *Dissoute*, dissolved.

Aujourd'hui, je m'empresse¹ de vous annoncer que je viens de fonder, sous la raison sociale ² *Amigue et C*ⁱᵉ, une nouvelle maison qui continuera les affaires de ma société précédente.

J'espère que cet arrangement aura votre approbation, et, comme vous avez honoré, depuis nombre d'années³ l'ancienne raison, je vous prie de vouloir bien en favoriser la nouvelle, qui fera tous ses efforts pour la mériter.

Recevez, Monsieur, l'assurance de ma considération distinguée.

B. AMIGUE.

Circular announcing dissolution of a company.

Rouen, le 2 septembre 18..

Monsieur,

Nous avons l'honneur de vous informer que, notre associé ⁴, M. B..., désirant quitter les affaires, notre société, arrivée à son terme⁵, n'existera plus que pour sa liquidation.

M. B... est chargé du soin de cette liquidation, qu'il opérera en conservant⁶ la signature de la raison sociale.

Veuillez agréer nos remercîments⁷ pour la bonté que vous avez toujours eue pour nous et nous croire

Vos dévoués
PRAT et Cⁱᵉ.

1. *Je m'empresse*, I hasten.
2. *Raison sociale*, firm, name.
3. *Nombre d'années*, many years.
4. *Associé*, partner.
5. *Terme*, end, termination.
6. *Conservant*, retaining.
7. *Agréer nos remercîments*, to accept our thanks.

Formation of a new firm.

Bruxelles, le 14 août 18..

Monsieur,

Nous référant[1] à la circulaire ci-contre[2], nous avons l'honneur de vous faire part que nous avons repris la suite[3] des affaires de la maison L. Carpeaux et Cie, sous la raison sociale *L. Carpeaux et Charles Danoy*.

Notre fabrication comprendra, comme précédemment[4], toutes espèces de cuirs et de peaux tannées, et spécialement les cuirs pour chaussures[5], voitures, etc., etc.

Nous espérons, Monsieur, que les rapports agréables[6], noués[7] entre votre maison et la nôtre, se maintiendront comme par le passé, et qu'il nous sera donné[8] de les amener à un plus large développement[9].

Veuillez[10] prendre note[11] de nos signatures respectives, apposées[12] ci-bas[13], et agréer, avec nos offres de services, nos meilleures salutations.

E. Carpeaux et Charles Danoy.

N. Sr E. Carpeaux signera **
N. Sr Charles Danoy signera **

1. *Nous référant*, referring.
2. *Ci-contre*, annexed.
3. *Suite*, continuation.
4. *Précédemment*, formerly, before.
5. *Chaussures*, shoes.
6. *Les rapports agréables*, agreable intercourse.
7. *Noués* (past part. of *nouer*), formed.
8. *Il nous sera donné*, we shall have an opportunity.
9. *De les amener à un plus large développement*, of developing them to a much greater extent.
10. *Veuillez*, be kind enough.
11. *Prendre note*, to take notice.
12. *Apposer*, to affix.
13. *Ci-bas*, at foot.

CHAPTER II

REQUESTING INFORMATION. FAVOURABLE AND UNFAVOURABLE INFORMATION.

Precepts.

Letters requesting information are addressed to a correspondent praying him to give his opinion upon the solvency and credit of a person with whom a business connection is proposed.

The name of the firm upon which information is required should not be written in the body of the letter, but given apart on a detached slip of paper.

It is necessary to be very discreet in such questions, and to promise to observe strict secrecy upon the reference which you may receive.

The reply to these letters' requires still more tact than the request for information.

One should not be too lavish of exaggerated praise of the house upon which information is given, the future might contradict it.

Requesting information concerning the credit to be given to a business firm.

Vienne, le 1er mai 18..

Monsieur J. Pitou, à Lyon.

Comptant sur votre amitié et sur votre discrétion, nous prenons la liberté de vous demander un renseignement[1].

La maison, dont ci-inclus le nom[2], nous a fait des propositions d'affaires. La nature de ces affaires nous obligerait à lui ouvrir[3] un crédit de 15,000 fr.

---

1. *Renseignement*, information.
2. *Dont...nom*, as per name enclosed, the name of which we enclose.
3. *Lui ouvrir*, to open in its favour. *Lui* is translated by : his, her, or its, according to the gender.

Sachant combien sont nombreuses vos relations sur votre place [1], nous avons pensé que personne n'était mieux à même [2] que vous de nous renseigner sur le degré [3] de crédit que mérite ladite maison.

Vous pouvez compter de notre part sur une discrétion absolue.

Recevez nos salutations bien cordiales.

N. Nustich et Cie.

Favourable reply.

Lyon, le 5 mai 18..

Messieurs Nustich et Cie, à Vienne.

Je m'empresse de répondre à la lettre que vous m'avez adressée, en date du 1er courant.

Je suis heureux [4] de pouvoir vous annoncer que la maison en question est établie depuis vingt ans et qu'elle jouit [5], sur notre place, d'une confiance [6] absolue.

Personnellement, je consentirais à lui ouvrir un crédit [7] plus considérable que celui qu'elle vous demande.

Heureux d'avoir pu vous rendre ce service, je vous prie de disposer de moi toutes les fois que je pourrai vous être de quelque utilité.

Agréez l'expression de mes civilités empressées.

B. Pitou.

---

1. *Place*, here has the sense of city or town.
2. *Personne n'était mieux à même*, nobody was in a better position.
3. *Degré*, amount.
4. *Heureux*, happy, glad.
5. *Jouit*, enjoys.
6. *Confiance*, confidence.
7. *Crédit*, credit. The word *crédit* must not be confounded with *créance*. *Créance* expresses money to be received from others and is the opposite of *debt*. *Crédit* has a more extended signification: it expresses the high standing of a person with the public; confidence in a man's commercial dealings; the sum placed at a person's disposal at some banker's or merchant's, etc.

Unfavourable reply.

Lyon, le 5 mai 18..

Messieurs Nustich et Cie, à Vienne.

En réponse à votre honorée[1] en date du 1er courant, je regrette de ne pouvoir pas vous donner des renseignements favorables au sujet[2] de la maison ***, d'ici[3]. Quoiqu'elle soit établie sur notre place depuis vingt ans, son crédit paraît avoir beaucoup souffert à la suite de la faillite[4] de M. R..., de Marseille.

Il n'est donc pas prudent de vous lancer dans les spéculations avec elle.

Ne pouvant vous donner des détails plus circonstanciés[5], je compte sur votre discrétion la plus absolue.

Votre dévoué serviteur
B. Pitou.

Requesting information concerning the execution of an order.

Florence, le 2 août 18..

Monsieur Gabriel, à Londres.

M. P..., de votre ville, vient de m'envoyer une commande[6] de chapeaux de paille pour la somme de 5,000 francs, le tout livrable dans[7] six semaines. Comme je n'ai pas encore fait d'affaires avec lui, je désirerais, avant de m'engager à lui livrer[8] la mar-

---

1. *A votre honorée..*, to your esteemed favour. The word *lettre*, letter, is here understood as is often the case in commercial correspondence.
2. *Au sujet*, about.
3. *D'ici*, of this place.
4. *Faillite*, bankruptcy, failure.
5. *Des détails plus circonstanciés*, more precise information.
6. *Commande de*, order for.
7. *Le tout livrable dans...*, to be delivered in...
8. *M'engager à lui livrer*, making an arrangement to deliver to him, to give up to him.

chandise, que vous me fissiez connaître [1] votre avis à ce sujet.

Vous me rendriez un service tout particulier si, par le retour du courrier [2], vous vouliez me renseigner exactement.

En vous remerciant de tout ce que vous serez à même [3] de me confier, je vous prie de croire que j'en ferai l'usage le plus discret.

O. BOTT.

Dubious reply.

Londres, le 10 août 18..

Monsieur Bott, à Florence.

Je regrette infiniment de ne pas pouvoir vous dire quelque chose de bien précis au sujet de M. P.. [4].

Jusqu'ici, je n'ai pas eu l'occasion de faire des affaires avec lui. J'ai demandé des renseignements à ce sujet à plusieurs de mes amis, et voici ce que j'ai pu savoir : la nature du commerce de M. P.. n'est pas encore bien établie [5]; ses capitaux [6] ne paraissent pas être importants, et ses achats sont très-limités.

Ceci soit dit entre nous, et pour répondre à votre demande [7].

Dans l'espoir de pouvoir vous être plus utile dans une autre circonstance, je vous prie d'agréer mes salutations empressées.

G. GABRIEL.

---

1. *Me fissiez connaître*, let me know. *Fissiez*, imperf of the subj. of *faire* (irreg. v.) to make or do.
2. *Par..... courrier*, by return of post.
3. *Serez à même*, may be able.
4. *Au sujet de M. P.*, about Mr P.
5. *Établie*, clear, certain.
6. *Capitaux*, capital. *Capital* is masculine when it signifies the stock in trade, and fem. when employed in the sense of chief town.
7. *Pour répondre à votre demande*, in reply to your question.

Requesting information about a clerk.

Paris, le 15 nove nre 18..

Monsieur Krât, à Turin.

Nous avons reçu hier la visite de M. E..., qui s'est présenté pour occuper la place[1] de chef de correspondance, qui est vacante en ce moment.

Il nous a dit qu'il avait rempli[2], chez vous[3], le même emploi pendant deux ans.

Bien qu'il[4] nous ait montré des certificats très-honorables sur sa capacité et sa probité, nous désirerions connaître, par vous[5], le motif pour lequel il vous a quitté[6].

Nous prenons donc la liberté de vous prier de nous transmettre confidentiellement ce renseignement.

A l'occasion, vous pouvez compter sur nous pour un pareil service.

Agréez, Monsieur, nos cordiales salutations.

C. Bury et Cie.

Respecting delay in the forwarding of merchandise.

Bordeaux, le 14 septembre 18..

Monsieur Brasseur, à Libourne.

J'ai reçu en son temps votre lettre du 2 septembre m'annonçant l'envoi, à Bordeaux, de 25 barriques de vin. J'espérais à cette époque qu'elles partiraient par le navire de M. Alcan, qui devait, m'avait-il dit, quitter[6] Bordeaux du 20 au 25 septembre.

---

1. *Place*, situation, post. See note 1, page 123.
2. *Rempli*, occupied. *Remplir un emploi*, to be in a situation, to occupy a situation.
3. *Chez vous*, in your house.
4. *Bien qu'il*, although he has.
5. *Par vous*, through you. *Paris* employed instead of *de* after passive verbs expressing an action of the body or of the mind.
6. *Quitter*, to leave.

Mais le navire n'ayant que 500 tonnes chargées, sur 900 qu'il peut contenir, on a retardé le départ[1] pour Cadix, d'autant plus que le mauvais temps, qui se maintient, empêche beaucoup d'exportateurs français de faire des envois ; c'est pourquoi le navire n'est pas encore complétement chargé.

Toutefois, M. Alcan espère qu'il partira vers le 5 octobre. C'est donc un retard d'un mois. C'est fâcheux[2], mais c'est un désagrément que je ne puis pas empêcher, et je vous en préviens afin que vous voyiez qu'il n'y a pas de ma faute[3].

J'ai l'honneur de vous saluer.

C. TRUFFERT.

Information respecting the sulphur trade.

Pérouse, le 9 juillet 18..

Monsieur Tilly, à Paris.

C'est avec plaisir que je me vois honoré de votre ettre du 23 écoulé, et je suis heureux de vous annoncer que je suis très au courant[4] des produits que vous me demandez, et pour lesquels vous voudriez faire des affaires dans ce pays.

De mon côté[5], vous pouvez être certain que je ne vous mettrai en relations d'affaires qu'avec des maisons de premier ordre et de toute moralité, et dont je pourrai, au besoin[6], vous dire les noms.

En attendant, je m'empresse de vous annoncer que le soufre raffiné de nos premières mines se maintient au prix de 17 fr. 50 en pain, et 22 fr. le soufre en poudre, le sac compris, le tout *franco* rendu en gare[7].

Inutile de vous dire que le soufre de Romagne est

---

1. *On a retardé le départ*, the departure has been delayed.
2. *C'est fâcheux*, it is a pity.
3. *Il... faute*, it is not my fault.
4. *Très au courant de*, well acquainted with.
5. *De mon côté*, on my part.
6. *Au besoin*, when necessary.
7. *Franco rendu en gare* carriage paid to station.

bien supérieur à celui de Sicile ; vous ne devez donc pas vous étonner si son prix est relativement plus élevé.

Quant aux crèmes de tartre[1] de nos premières raffineries, il en a été vendu[2] à 265 et à 270 francs, *franco en gare ici*.

Une maison de notre place fait beaucoup d'affaires[3] dans cet article. Elle en possède un lot[4] de 15 tonnes qu'elle céderait au prix de 240 francs les 100 kilos.

Quant au safran[5], il faut attendre la prochaine récolte, notre place étant à présent tout à fait[6] dépourvue de[7] cet article.

J'apprendrai aussi avec plaisir si les laines et les peaux font partie de votre commerce, car, si l'occasion se présente, je pourrai vous faire des offres.

Dans l'attente de recevoir bientôt de vos nouvelles, j'ai l'honneur de vous saluer.

D. Daniel.

CHAPTER III

LETTERS OF CREDIT

Precepts.

A letter of credit engages its subscriber to a correspondent, for a certain sum which the latter will remit to the bearer of the letter.

There may be added to the request of payment, a re-

---

1. *Crèmes de tartre*, cream of tartar.
2. *Il en a été vendu*, some parcels have been sold.
3. *Fait beaucoup d'affaires*, does much business.
4. *Lot*, parcel.
5. *Safran*, saffron.
6. *Tout à fait*, quite.
7. *Dépourvue de*, wanting in.

commendation in favour of the bearer, especially if he is going to a distant country where he has no connections.

This letter cannot be negotiated by the bearer, and, should it become useless to him, he ought immediately to return it to the author.

Letter recommending the representative of a firm.

Marseille, le 1er mars 18..

Monsieur Biffo, à Madrid.

La présente lettre vous sera remise par notre représentant, monsieur C..., chargé de nos affaires sur votre place.

En le recommandant à votre bon accueil [1], nous vous prions, Monsieur, de lui accorder vos bons offices [2] dans toutes les circonstances où il pourrait y avoir recours.

Vous nous rendrez une faveur toute particulière, en contribuant, autant que possible, à ce qui pourra le seconder dans le but de son séjour chez vous, et nous serons charmés [3] de pouvoir, à notre tour [4], vous être de quelque utilité.

Agréez, Monsieur, nos salutations amicales.

O. POUVRIN.

Letter of credit on Rome.

Paris, le 6 avril 18..

Monsieur Cigni, à Rome.

J'ai l'honneur de vous annoncer que j'ai remis [5] à M. Fauvel une lettre de crédit de 4,000 francs sur votre maison.

---

1. *En le... accueil*, in recommending him to you.
2. *Offices*, assistance.
3. *Charmés*, charmed, pleased.
4. *A notre tour*, in our turn.
5. *J'ai remis*, I have given.

Veuillez[1] lui remettre cette somme, déduction faite de vos frais, et contre quittance en duplicata.

Vous vous rembourserez de cette somme et de vos frais en disposant sur moi[2], à votre entière convenance[3].

Agréez, Monsieur, mes salutations empressées.

Pierre PETIT.

Signature de M. Fauvel **.

Advice of letter of credit.

Monsieur Cigni, à Rome.   Paris, le 6 avril 18..

Je m'empresse de vous annoncer que j'ai remis à M. Fauvel une lettre de crédit, sur votre maison, pour 4,000 francs.

Veuillez en prendre note et réserver bon accueil à ma signature.

Agréez, Monsieur, mes sincères salutations.

Pierre PETIT.

Acknowledging receipt of advice.

Monsieur Petit, à Paris.   Rome, le 9 avril 18..

J'ai l'honneur de vous accuser[4] réception de votre lettre du 5 courant[5], par laquelle vous m'annoncez que vous avez remis à M. Fauvel une lettre de crédit sur notre maison, pour la somme de 4,000 francs.

J'exécuterai ponctuellement vos instructions.

B. CIGNI.

---

1. *Veuillez*, be kind enough.
2. *Disposant sur moi*, drawing upon me.
3. *A votre entière convenance*, at your convenience.
4. *De vous accuser*, to acknowledge.
5. *Courant*, instant.

Notice of payment made to a person accredited.

Rome, le 20 avril 18..

Monsieur Petit, à Paris.

Je m'empresse de vous remettre ci-inclus deux reçus s'élevant à 4,000 francs, déduction faite de mes frais, conformément à votre lettre de crédit.

Pour me rembourser [1] de cette somme, je fournis sur vous [2] une traite à vue, en vous priant de lui réserver bon accueil.

J'ai l'honneur, Monsieur, de vous saluer.

B. Cigni.

Letter of credit on several places.

Bruxelles, le 12 mai 18..

A *Messieurs J. Buffet,* à Lyon ; *Joseph Bry,* à Rouen ; *Jules Naquet,* à Paris.

Messieurs,

Le porteur de la présente lettre est M. R., de Bruxelles, qui désire faire un séjour de quelque temps en France, pour se créer des relations commerciales.

Vous voudrez bien lui compter, sur reçus, et sous déduction de vos frais, la somme de 3,000 francs, selon ses demandes.

Personnellement responsable des sommes que vous lui remettrez et de leurs intérêts, je vous les rembourserai à mesure que vous voudrez bien m'expédier les reçus de M. R., dont je vous donne ci-dessous la signature.

Agréez mes salutations amicales.

P. Gall.

Signature de M...

---

1. *Pour me rembourser,* in reimbursement.
2. *Je fournis sur vous,* I have drawn upon you.

CHAPTER IV

OFFERS OF SERVICE AND REPLIES

Precepts.

These letters, whatever may be the nature of the business which dictates them, should be drawn up clearly and concisely.

The letter of offer of service should simply enumerate the quality and price of the merchandise proposed, the conditions made to correspondent, etc.

Too obsequious forms (employed at times in circulars) should be avoided.

The answer to a letter making an offer of service, should explain, if the proposals of correspondent are accepted in totality or in part, and in the latter case indicate clearly the conditions required and the manner in which the business should be transacted.

A house doing business in tissues offers its services to a buyer.

Lyon, le 6 mars 18..

Monsieur,

Nous prenons la liberté de vous écrire pour nous rappeler à votre souvenir, et, en même temps, pour vous annoncer que nous avons reçu toutes nos nouveautés pour le printemps.

Nous avons un grand choix de dessins tout à fait dans le goût de[1] votre vente, tant en percale-foulard qu'en cretonne-batiste[2], et un nouveau tissu[3] qui est fort joli, dont la vente sera certaine dans votre maison.

Nous espérons que vous nous favoriserez bientôt de

---

1. *Tout à fait... goût de*, just uitable for.
2. *Cretonne-batiste*, linon cloth.
3. *Tissu*, texture.

votre visite, et, dans cette attente, recevez, Monsieur, nos sincères salutations.

Gerber fils et Cie.

Same subject.

Strasbourg, le 3 avril 18...

Monsieur,

Nous avons prié M. X... de vous prévenir que votre collection cretonne-meubles[1], nouveauté pour l'année prochaine, est complète. Nous sommes à votre entière disposition pour vous l'envoyer au magasin, à moins que vous ne préfériez nous honorer de votre visite.

Cette année, nous avons un grand choix de dessins à tous les prix, parmi lesquels vous trouverez, nous en sommes persuadés, plusieurs dispositions à votre goût.

La crainte de vous déranger et la difficulté pour les placiers[2] d'entrer dans votre maison, m'obligent à vous écrire. Sans cela, je me serais fait un plaisir d'aller vous faire une visite.

Néanmoins, nous espérons que vous ne nous oublierez pas, et que, comme l'année dernière, vous continuerez à faire des affaires avec nous.

En attendant votre réponse ou votre bonne visite, nous vous prions d'agréer, Monsieur, nos sincères salutations.

B. Barreau et fils.

A business house fixes conditions to the traveller.

Lyon, le 8 juillet 18..

Monsieur,

Par la présente nous venons vous informer que

---

1. *Cretonne-meubles*, cotton cloth for furniture.
2. *Placiers*, agents (local commercial travellers).

nous vous confions nos échantillons[1] nouveautés, avec lesquels nous vous autorisons à visiter les villes de Londres, Birmingham, Liverpool et Glasgow.

Nous vous allouerons[2] sur toutes vos affaires, directes, ou par correspondance, une provision uniforme de 3 pour 100, et 1 1/2 pour 100 sur toutes les affaires de banque.

Vous devez vous engager à ne représenter aucune autre maison faisant les mêmes articles que nous.

Nous vous recommandons d'être bien prudent pour les crédits, et de ne traiter qu'avec les bonnes maisons. A ce sujet, nous devons vous prévenir que nous ne nous engageons[3] à remplir vos commissions[4], qu'autant que[5] nous aurons de bons renseignements sur la solvabilité de vos clients.

Voici les conditions que nous ferons pour nos affaires : escompte 3 pour 100, à 30 jours, date de facture, ou 90 jours sans escompte (au besoin, 120 jours).

Nous fournirons toujours[6] sur vos clients en francs effectifs, payables en or.

Il est bien entendu[7] que les ports de lettres et échantillons incombent à notre charge[8].

Il vous en sera tenu compte[9], ainsi que de vos provisions, chaque année au 31 décembre, époque de notre inventaire.

Nous vous remettons ci-inclus nos tarifs pour les meubles et la toile-chemise, et vous souhaitons bonne chance[10] dans les affaires.

GILDERT et Cie.

1. *Échantillons*, samples, patterns.
2. *Allouerons*, shall allow.
3. *Que... engageons*, that we do not bind ourselves.
4. *Remplir vos commissions*, to execute our orders.
5. *Qu'autant que*, only when.
6. *Nous fournirons toujours*, we shall always draw.
7. *Bien entendu*, understood.
8. *Incombent à notre charge*, are to be supported by us.
9. *Il... compte*, we shall settle this account.
10. *Bonne chance*, success.

Offer of silk-worm eggs.

Marseille, le 2 janvier 18..

Monsieur Devries, à Valence.

Mon frère, qui est au Japon, doit m'envoyer d'ici deux mois une quantité considérable de graines de vers à soie[1]. Or M. Joseph, votre frère, m'a beaucoup encouragé à en faire venir, m'assurant que, vous et M. votre père, vous pourriez me mettre en relation avec des éleveurs[2] de votre pays.

Comme il s'agit d'une affaire très-importante, attendu que cet arrivage[3] n'est que le commencement, je m'empresse de vous demander si, par vos relations, ou si vous-même, moyennant une commission, vous ne pourriez avoir un écoulement[4] de cet article, à quel prix vous penseriez vendre les cartons[5], et quelle serait la quantité qu'on pourrait placer dans votre département.

Dans l'attente de votre réponse, recevez, Monsieur, mes sincères salutations.

T. Gurgusse.

Same subject.

Marseille, le 2 janvier 18..

Monsieur Couppes, à Valence.

Lorsque vous m'avez fait l'honneur de venir chez moi, il y a six mois, vous m'avez dit que vous désiriez trouver quelqu'un de confiance qui, habitant le Japon, pourrait vous expédier des graines de vers à soie du pays, et que d'autres propriétaires, comme vous, pourraient en prendre pour des sommes considérables, s'ils étaient sûrs de la provenance.

---

1. *Graine de vers à soie,* silkworm eggs.
2. *Éleveurs,* raisers of silkworms.
3. *Arrivage,* arrival, parcel.
4. *Écoulement,* sale.
5. *Cartons,* sheets, cards.

J'ai écrit immédiatement à mon frère qui habite ce pays depuis¹ six ans. Aujourd'hui, je viens de recevoir sa réponse par le courrier anglais. Mon frère m'apprend que, depuis longtemps, il ne s'occupe que du commerce des graines de vers à soie, et qu'il m'enverra, par le départ d'octobre, de 4 à 5 mille cartons provenant² des endroits³ les plus réputés pour la qualité.

Je pense donc, dès aujourd'hui⁴, mettre en réserve la quantité de cartons que vous désirez.

Veuillez me répondre à ce sujet, et, dans cette attente, je vous prie d'agréer mes salutations empressées.

C. Dordallot.

The [conditions proposed by the customer are accepted.

Lyon, le 14 mai 18..

Monsieur Lormel, à Rouen.

Nous possédons votre lettre du 10 courant, et nous apprenons avec plaisir que vous nous passerez un ordre, si nous pouvons accepter vos conditions. Bien qu'elles soient rigoureuses⁵, le désir d'entrer en relation avec votre maison, nous oblige à les accepter pour cette première fois. Si nous avons bien compris, vous nous annoncez dans votre lettre que c'est une affaire de 150 à 200 pièces, et nous devons vous dire que tout en acceptant⁶ vos conditions si peu avantageuses, nous n'entamerons cette affaire⁷ qu'autant que vous nous remettrez un ordre de 150 pièces, au minimum.

Nous acceptons, en outre, aux conditions suivantes: 150 pièces, genre n° 1 et n° 2 mêlés, au prix de 65 cent. le mètre, valeur 31 mai, payable fin juin.

1. *Depuis*, for the last.
2. *Provenant*, coming from.
3. *Endroits*, places.
4. *Dès aujourd'hui*, from to-day.
5. *Rigoureuses*, hard.
6. *Tout en acceptant*, while accepting.
7. *Nous... affaire*, we shall treat about this business; we shall see if anything can be done.

Nous vous enverrons tout de suite, par petite vitesse[1], tout ce que nous aurons d'existant, et le reste de votre commission au fur et à mesure des rentrées[2].

Dans l'attente de votre réponse, recevez, Messieurs, nos salutations empressées.

MARTEL et Cie.

Refusal to deliver goods. Uncertain information.

Monsieur,   Rouen, le 12 juin 18..

Je me suis présenté plusieurs fois à votre maison dans l'espoir de causer[3] avec vous au sujet de l'affaire traitée dans mon magasin, le 5 courant.

N'ayant pas eu le plaisir de pouvoir m'entretenir avec vous, je suis obligé de vous annoncer que je ne puis vous livrer[4] la marchandise qu'au comptant.

Pour vous prouver que j'ai fait les démarches[5] nécessaires auprès des maisons que vous m'avez indiquées, afin d'y puiser[6] les références, je vais porter à votre connaissance ce que l'on m'a dit :

M. C. Bonnes références. — *Crédit limité.*
M. M. » » — » »

Il s'ensuit que, votre crédit étant très-limité dans ces maisons, je ne pourrais guère me baser là-dessus[7].

Je regrette de ne pouvoir vous aider davantage[8] dans cette première affaire, et, en attendant votre réponse, veuillez agréer, Monsieur, mes salutations distinguées.

N. MAGEREAU.

---

1. *Par petite vitesse,* by goods train.
2. *Au fur... rentrées,* as we receive them.
3. *Causer,* speak about.
4. *Livrer,* deliver.
5. *Démarches,* steps.
6. *Puiser,* to obtain, procure.
7. *La-dessus,* thereupon.
8. *Davantage,* more.

Refusal to reduce prices.

Roubaix, le 10 août 18..

Monsieur Galetti, à Milan.

Nous possédons votre estimée du 7 c^t, et, en réponse, nous regrettons de ne pàs pouvoir vous faire de différence sur les prix que nous avons cotés[1].

Nous serions contrariés de manquer[2] cette affaire, car, depuis longtemps, nous cherchons à entrer en relation avec votre honorable maison.

Cependant, ces prix sont si peu en rapport avec les cours[3] actuels, que nous préférerions manquer une affaire que de la traiter au-dessous des prix cotés.

A l'époque où nous vous avons remis nos collections, c'est-à-dire il y a trois mois, et même il y a deux mois, on aurait pu vous accorder cette concession : mais, depuis quinze jours, les tissus se maintiennent chers[4], et nous sommes plutôt[5] forcés d'augmenter que de diminuer.

Nous vous engageons donc à profiter des prix que nous vous avons fixés, pour nous envoyer de suite une belle commission. Dans huit jours [6], nous ferons de nouveaux tarifs.

Quant aux types, que vous nous demandez par 3 m. 25, nous ne pouvons pas vous les donner, par la raison que la douane nous défend de couper sur les pièces. Tout ce que nous pouvons faire pour vous être agréables, c'est de vous envoyer ces échantillons par 25 cent. chacun, et vous les recevrez demain par la poste.

Nous espérons, Monsieur, que vous vous rensei-

---

1. *Coté,* quoted.
2. *Manquer,* to miss.
3. *Cours,* (m.) rate. *Cours,* in the sense of *rate* or *market price,* has the same form in the singular as in the plural.
4. *Se maintiennent chers,* keep up.
5. *Plutôt,* rather, is written in one word. In two words, *plus tôt,* it signifies earlier, sooner.
6. *Dans huit jours,* in a week's time.

gnerez des cours actuels, et qu'ensuite[1] vous vous déciderez à nous donner la préférence en nous envoyant vos ordres.

C'est dans cette attente[2] que nous vous prions, Monsieur, d'agréer nos sincères salutations.

M. Cox et B. Defert.

Delay in forwarding patterns.

Paris, le 15 février 18..

Monsieur Veca, à Gênes.

Nous avons reçu vos lettres des 10 et 12 courant, et nous étions disposés à vous envoyer les échantillons de nouveautés quand il nous est arrivé un protêt[3] de M. G... de Marseille.

D'après tous les renseignements que vous nous aviez donnés, nous ne nous y attendions guère[4].

D'ailleurs, les renseignements obtenus sur son compte ne valaient rien.

Nous vous dirons franchement que c'est à contre-cœur[5] que nous faisions des affaires avec votre clientèle, et nos craintes[6] étaient bien fondées.

Comme nous ne voulons travailler qu'avec des maisons de premier ordre, nous préférons abandonner l'exportation de Marseille plutôt que d'être toujours sur le qui-vive[7]. Nous aurions aimé vous voir faire de belles affaires[8] et, étant convaincus que vous avez fait pour le mieux de nos intérêts et sans aucun reproche à vous adresser, nous vous prions de ne pas compter sur nos collections.

Veuillez agréer, avec nos regrets, nos salutations empressées.

A. Mary et Cie.

1. *Ensuite*, afterwards.
2. *Cette attente*, this hope.
3. *Il... protêt*, we received a protest.
4. *Nous ne... guère*, we little expected it.
5. *A contre-cœur*, with reluctance.
6. *Craintes*, fears.
7. *Que d'être... vive*, than to be always on the alert.
8. *De belles affaires*, some good business.

CHAPTER V

ORDERS

Precepts.

These letters are to advise a house of business to forward at a certain time, under certain conditions mentioned, the merchandise required.

They should indicate clearly the quantity and nature of goods ordered, the manner of forwarding, the price, and mode of payment proposed to the seller.

They should contain only indispensable details respecting the business in hand.

Order for straw hats from Florence.

Marseille, le 8 août 18..

Monsieur Croci, à Florence.

Aussitôt que[1] vous recevrez ma lettre, veuillez expédier à M. Peral, à Livourne, par petite vitesse, dans 4 caisses, 60 chapeaux de paille.

Vous les expédierez *contre remboursement*, à 15 fr. la pièce, ce qui fait 900 fr.

Vous en mettrez quinze dans chaque caisse ; mais l'essentiel est que M. Peral reçoive[2] les chapeaux au plus tard le 1er septembre, car il part de Livourne le 3 suivant. Vous avez 20 jours devant vous : cela doit vous être facile.

Dès[3] que vous aurez remis les caisses au chemin de fer, vous lui enverrez la facture, en lui disant à peu près quel jour il les recevra à Livourne.

C'est un négociant qui est à même[4] de vous acheter

1. *Aussitôt que*, as soon as.
2. *Reçoive*, receive.
3. *Dès*, as soon as.
4. *A même*, in a position.

beaucoup d'articles, car il vient tous les trois mois en Italie, pour y faire des emplettes [1] assez importantes.

Veuillez me croire

Votre bien dévoué
M. Monsey.

Order for wine.

Chambery, le 2 novembre 18..

Monsieur Sivori, à Asti.

Veuillez avoir la bonté de me dire combien vous me vendriez 25 ou 30 barriques de vin de Barbera, de cette année, et quand vous pourriez me les livrer, car il ne m'en reste presque plus en cave.

Dans le cas où je devrais[2] attendre plus de 20 jours, je vous prierais d'en remettre[3] tout de suite au chemin de fer, par petite vitesse, 2 barriques.

Il est bon de vous faire remarquer que j'ai expédié à mon frère, au Japon, beaucoup de vin de Piémont et de Toscane, et qu'il peut, à un moment donné, vous offrir un débouché[4] considérable.

Dans l'attente d'une prompte réponse, veuillez agréer mes sincères salutations.

B. Bouley.

Order for silver chains.

Barcelone, le 19 mai 18..

Monsieur Grégoire, à Paris.

J'ai l'honneur de vous prier de vouloir bien m'expédier, sans aucun retard, par l'intermédiaire de M. Rey, rue....., à Paris, 36 chaînes d'argent, que

---

1. *Emplettes*, purchases.
2. *Dans le cas où je devrais*, should it be necessary.
3. *D'en remettre*, to forward or send.
4. *Débouché*, sale.

vous aurez l'obligeance de faire porter chez M. Rey, à la réception de la présente.

Permettez-moi, Monsieur, de vous faire remarquer que vous me comptez l'argent à 204 fr. le kilog., tandis que, depuis environ deux mois, d'autres maisons ne me le comptent que 198 fr.

Dans l'espoir que vous voudrez bien prendre cette remarque en considération, veuillez agréer, Monsieur, mes sincères salutations.

C. Nicaza.

Same subject.

Vérone, le 20 juin 18..

Monsieur Hagot, à Paris.

Je vous prie de m'envoyer, pour la fin du mois ou pour les premiers jours du mois prochain :

1° 80 chaînes assorties, à *médaillons*, et à *cachets* [1], ne dépassant pas le prix de 6 à 9 francs.

2° 20 chaînes d'or assorties, à médaillons et à cachets, dans les prix de 80 à 100 francs.

Les chaînes sans pendants [2], qui pourraient être jointes à votre envoi, vous seront retournées, car je n'en ai plus l'emploi [3].

Vous priant de vous conformer exactement à ma commande, je vous salue sincèrement.

B. Rigoli.

Same subject.

Genève, le 12 février 18..

Monsieur Bry, à Paris.

Possesseurs de votre honorée lettre du 10 courant, nous avons le plaisir de vous adresser de nouveau une

---

1. *Cachets*, seals.
2. *Pendants*, pendants.
3. *Je n'en ai plus l'emploi*, I no longer require them.

petite commande que nous vous prions cette fois d'exécuter, pour l'expédier de Paris, par grande vitesse [1], le 8 mars, au plus tard.

Si vous ne pouvez envoyer le tout, faites votre possible pour nous en adresser une bonne partie, savoir :

10 douzaines de lorgnons [2], beaux modèles.

5   »   »   »   , montés en or, tous modernes et de bonne vente [3].

Nous nous réservons de vous retourner tout ce qui ne sera pas dans le goût suisse.

Cette affaire peut prendre un grand développement si vous nous faites des prix vraiment bas, et si vous nous servez bien sous tous les rapports.

Il n'est pas nécessaire, cette fois, de faire deux factures.

Recevez, Monsieur, nos salutations [4] empressées.

J. ISIDORE et Cie.

Drapery trade.

Gênes, le 2 avril 18..

Monsieur Fisher, à Sedan.

Dès que vous aurez reçu cette lettre, veuillez m'expédier, par grande vitesse, les articles suivants :

1° 5 pièces drap noir, qualité supérieure,
total 200 mètres, à 15 fr. le mètre. . . . 3,000 fr.

2° 4 pièces *idem*, qualité ordinaire,
total 80 mètres, à 10 fr. le mètre. . . .   800 »

Total. . . 3,800 fr.

Vous pouvez faire traite sur moi à deux mois de vue.

---

1. *Grande vitesse*, passenger train.
2. *Lorgnons*, eye-glasses.
3. *Bonne-vente*, of easy sale.
4. *Salutations*, salutations. Salutation in the sense of making a bow is rendered in French by the word *salut*. The French word *salutation* is employed at the end of letters.

Comptant sur votre exactitude et sur vos soins, je vous prie d'agréer, Monsieur, mes salutations empressées.

CRIVELLI.

Order to send sugar like sample received.

Bâle, le 7 juillet 18..

Monsieur Cerk, à Rouen,

Par l'entremise de [1] M. C.., j'ai reçu votre échantillon de sucre.

La qualité me paraissant bonne et le prix modéré, je vous prie de m'en expédier le plus tôt possible 20 quintaux, car je suis complétement dépourvu de [2] cet article.

A la réception de la marchandise, je vous remettrai un effet à trois mois.

Je veux espérer que cette première affaire m'engagera [3] à vous donner de nouveaux ordres [4].

Dans l'attente [5] de votre facture [6] avec avis de l'expédition, j'ai l'honneur de vous saluer.

M. MOREAU.

1. *Par l'entremise de*, through the medium of.
2. *Dépourvu de*, out of.
3. *M'engagera*, will offer some inducement.
4. *Nouveaux ordres*, further orders.
5. *Dans l'attente*, in expectation.
6. *Facture*, invoice.

CHAPTER VI

LETTERS OF CONSIGNMENT, AND ACKNOWLEDGING GOODS

Precepts.

These are to advise the purchaser of the forwarding of merchandise which has been ordered.

These letters should contain the number of cases or parcels forwarded, with the marks and numbers which they bear, the station or the place to which they are addressed, and the indication of the day on which they should arrive at their destination.

They may indicate also, if necessary, the manner in which the sender expects reimbursement of amount due.

Advising of consignment of shirts.

Paris, le 9 juin 18..

Monsieur Perel, à Bruxelles.

En réponse à votre lettre du... courant, nous avons l'avantage de vous remettre ci-inclus facture des chemises commissionnées [1] par vous-même, à l'occasion de votre dernière visite.

L'expédition des dites chemises a eu lieu aujourd'hui, par grande vitesse, en deux caisses, à votre adresse, portant les marques M. B. et G. F.

La facture s'élève à [2] fr. 2,600

Dans l'espoir que vous serez satisfait de ces articles dont nous avons soigné [3] la confection [4], nous vous

---

1. *Commissionnées*, ordered.
2. *S'élève à*, amounts to.
3. *Soigné*, been careful about.
4. *Confection*, making up.

prions de nous en donner avis de réception, et d'agréer nos cordiales salutations.

G. Bielle et Cie.

Advising of consignment of oil.

Nice, le 4 mars 18..

Monsieur Grag, à Lyon.

J'ai l'honneur de vous annoncer que je vous ai expédié aujourd'hui, par petite vitesse, en douane à Lyon, trois barriques d'huile, savoir[1] :

N° 1 — 300 kilogr.
» 2 — 400 »
» 3 — 500 »

Veuillez, Monsieur, m'accuser réception de la marchandise dès son arrivée[2] et me créditer de la somme de 3,600 fr., montant de ma facture.

Je vous renouvelle mes offres de services, et vous prie d'agréer mes salutations distinguées.

C. Premier.

Advising of forwarding of silks to the consignee. Instructions relative to the sale.

Constantinople, le 18 juin 18..

Monsieur Betting, à Marseille.

Nous sommes en possession de votre lettre du... courant, et nous vous remercions des renseignements[3] que vous nous transmettez sur la situation[4] de votre marché.

Par la présente, nous vous donnons avis qu'en conformité avec nos instructions, nous avons chargé[5] à

---

1. *Savoir*, to wit, viz.
2. *Dès son arrivée* (f.), on its arrival, as soon as you got it.
3. *Renseignements*, information.
4. *Situation*, state.
5. *Chargé*, forwarded, shipped

votre adresse : 20 balles soies gréges[1] à bord du *Franklin,* capitaine *Omer-Bouk.*

Vous trouverez ci-inclus la facture indiquant le contenu de chaque caisse et le prix de revient[2] de la marchandise, pour compléter nos instructions dans la vente que vous ferez au mieux[3] de nos intérêts.

Veuillez employer le produit net[4], moitié en vins de Bordeaux et moitié en huile de Nice.

Pour l'une et l'autre de ces affaires, nous nous recommandons à vos bons soins; et, dans l'attente de vos nouvelles, nous vous prions d'agréer nos salutations cordiales.

R. Schif et Cie.

Remittance with request for information respecting premium for insurance.

Livourne, le 14 avril 18..

Monsieur Berger, au Hâvre.

Ci-joint, deux billets de banque de 100 francs pour le montant de la prime d'assurance[5] des caisses parties, il y a six mois, sur le navire *Neptune.*

Veuillez m'en accuser[6] réception, et me dire en même temps quelle serait la prime que vous prendriez pour assurer 20 caisses, remises le 5 mars par M. Teste, à Yokohama, sur le même navire, retournant en France et dont la valeur est de 8,500 fr.

Le dit navire se trouve actuellement à Hong-Kong, où il s'est arrêté pour compléter son chargement[7], et doit arriver au Hâvre en juillet.

Dans l'attente[8] de votre réponse, j'ai l'honneur de vous saluer.

L. Monnier.

---

1. *Soies gréges,* raw silk.
2. *Prix de revient,* cost price.
3. *Au mieux,* to the best.
4. *Produit net,* net receipts.
5. *Prime,* premium.
6. *Accuser,* to acknowledge.
7. *Chargement,* cargo.
8. *Dans l'attente,* awaiting.

Forwarding two barrels of wine.

Alicante, le 12 février 18..

Monsieur Piorry, à Paris.

J'ai l'honneur de vous donner avis que, suivant l'ordre que vous avez bien voulu remettre à M. R., mon représentant, je vous ai expédié les marchandises détaillées[1] en ma facture[2] ci-contre, s'élevant[3] à... fr.

Pour me rembourser du montant de cet envoi[4], je prends la liberté de fournir[5] sur vous ma traite d'égale somme payable le 30 novembre prochain, vous priant de vouloir bien lui réserver un accueil favorable.

J'ai fait plâtrer[6] les fûts[7], afin que le vin soit plus frais et souffre moins de la chaleur.

Bien soigné sous tous les rapports, cet envoi vous donnera satisfaction et me vaudra, je l'espère, le renouvellement de vos ordres.

Dans cet espoir, je vous présente, Monsieur, mes salutations empressées.

C. CORTEN.

Enclosing cheque.

Londres, le 4 mars 18.

Monsieur Lully, à Madrid.

Nous avons l'honneur de vous adresser sous ce pli[8], pour compte de M. B..., un chèque à votre ordre de fr. 2,500, payable chez M. V.., banquier en votre ville.

---

1. *Détaillées,* as noted.
2. *Facture,* invoice. *Facture* must not be confounded with *façon,* which signifies *fashion, make.*
3. *S'élevant,* amounting.
4. *Envoi,* parcel.
5. *Fournir,* to draw.
6. *Plâtrer,* to plaster.
7. *Fûts,* casks, barrels.
8. *Sous ce pli,* enclosed.

Recevez, Monsieur, l'assurance de notre parfaite considération.

C. Soldin.

CHAPTER VII

ACKNOWLEDGING THE RECEIPT OF MERCHANDISE

Precepts.

Letters acknowledging the receipt of merchandise, serve to inform the sender of the arrival and acceptation of the goods.

They should mention if they have arrived as announced in the letter of advice, and within the stated time.

At the end of the letter, the conditions of payment made by the sender are accepted, or, if necessary, modified.

The advice of the receipt of remittances bears the number and order of the drafts received, with date when falling due.

Advice of receipt of silk.

Florence, le 21 janvier 18..,

Monsieur Biceau, à Lyon.

Le chemin de fer m'a remis ce matin la caisse de soie à marquer [1], que je vous ai demandée dans ma lettre du 14 courant.

J'ai examiné la marchandise et j'ai trouvé le tout en bon état.

Vous pouvez donc tirer sur moi fin [2] septembre,

---

1. *Soie à marquer*, marking silk; *soie à coudre*, sewing silk.
2. *Tirer sur moi fin*, draw upon me for the end of.

pour le montant de 850 fr. : bon accueil sera fait à votre signature.

Veuillez m'expédier, par retour du courrier[1], vos échantillons de soie à coudre et les prix courants.

Dans cette attente, je vous prie d'agréer mes salutations les plus distinguées.

DONATI.

Acknowledging the arrival of silver chains.

Douvres, le 9 juin 18..

Monsieur Rebeval, à Grenoble.

Je reçois à l'instant[2] l'envoi de chaînes en argent annoncé dans votre honorée du 5 courant, et de trois douzaines gourmettes[3] pesant. . . . . 1,683 gr.

Quant aux douze cordons variés, en ayant eu un pressant besoin, votre représentant M. Gilbert avait consenti à me les livrer[4] sur ses échantillons. Ils pesaient 297

Le tout forme donc un total de: . . . 1,980 gr.

Qui, à 19 cent. le gramme, donne la somme de. . . . . 376 fr. 20
Plus pour les façons[5]. 64   75
En outre, votre ancien représentant, M. Maille, m'a livré, le 2 décembre, 12 gourmettes pesant 353 grammes, dont j'ai facture en 78   05
et dont vous n'avez jamais disposé.

Mon compte s'élève donc ce jour à   519 fr. 00

Par contre[6], votre expédition m'a coûté 6 francs de

---

1. *Par retour du courrier*, by return of post.
2. *Je reçois à l'instant*, I have just received.
3. *Gourmettes*, curb chains.
4. *Livrer*, deliver.
5. *Façons*, making.
6. *Par contre*, on the other hand.

port, ce qui est excessif pour un si modeste envoi. Je veux espérer que vous prendrez à votre charge¹ 2 ou 3 francs de ce port.

Enfin, les autres maisons qui font la chaîne d'argent, m'ayant toujours accordé 90 jours de crédit, et vous-même m'ayant déjà fait ces conditions au mois de juin de l'année dernière, je pense que vous agirez de même cette année et disposerez² à trois mois.

Vous voudrez bien me donner une nouvelle facture conforme aux prix de la présente.

Dans cette attente, veuillez agréer mes salutations les plus empressées.

C. CORDON.

Arrival of coffee.

Marseille, le 28 août 18..

Monsieur Servant, à Paris.

En vous accusant réception de votre honorée lettre du 20 courant, nous avons le plaisir de vous annoncer que le *Benvenuto Cellini* vient de rentrer dans notre port. Les cafés vont être débarqués demain, et nous aurons soin de vous en envoyer immédiatement les échantillons.

Il n'y a rien encore de bien fixé sur les cours³ : les Haïti, première qualité, ont atteint⁴ à un moment le chiffre de.....; mais ils n'ont pas pu s'y maintenir.

D'après l'avis des courtiers le mieux renseignés⁵, les cafés doivent subir une hausse⁶ assez⁷ sensible.

---

1. *Prendrez..... port*, you will share part of the expenses, say to the amount of 2 or 3 francs. *Charge* has also the signification of *office* when speaking of dignity, title, or public employment.
2. *Disposerez*, will draw.
3. *Cours*, market prices.
4. *Atteint*, past part. of *atteindre*, to reach.
5. *Courtiers le mieux renseignés*, the best informed brokers.
6. *Hausse* (f.), rise; *baisse*, falla
7. *Assez*, rather.

Dès que nous aurons pu les écouler[1] au mieux de vos intérêts, nous vous remettrons le compte de vente, et vous pourrez vous couvrir[2] du produit net en tirant sur nous à vue.

Veuillez agréer nos civilités empressées.

C. Fèvre.

Advice of arrival of wine.

Turin, le 10 mai 18..

Monsieur Barreau, à Bordeaux.

Vous confirmant ma lettre du 6 courant, j'ai le plaisir de vous annoncer que les vins que vous avez bien voulu me consigner, sont arrivés ici en fort bon état.

Votre traite sur M. Brighensi a été présentée et acquittée : veuillez en porter le montant à mon crédit.

Je compte placer demain 6 pièces de Saint-Émilion, et, très-probablement, je vendrai le reste au comptant[3].

Si vous avez encore de cette sorte de vin, veuillez me l'expédier le plus tôt possible, car il ne me sera guère difficile d'en trouver le débit[4].

Vous me rendrez un service tout particulier si, dans votre prochaine réponse, vous me donnez quelques nouvelles sur la perspective des vendanges de vos départements et quelques nouveaux renseignements sur la manière de combattre le phylloxera.

En attendant, j'ai l'honneur de vous saluer.

D. Drag.

---

1. *Écouler*, here has the sense of to sell, to get rid of.
2. *Vous couvrir*, reimburse yourself.
3. *Au comptant*, for ready money, for cash.
4. *D'en trouver le débit*, to dispose of it.

Advice of the reception of Italian paste.

Londres, le 18 janvier 18..

Monsieur Griselli, à Gênes.

Je m'empresse[1] de vous accuser réception des six caisses de pâtes[2] que vous a commissionnées mon voyageur, le mois dernier.

Je regrette de vous annoncer qu'elles ne répondent nullement à ma demande, car, au lieu d'être *blanches*, elles sont *jaunes*.

Vous comprendrez aisément[3] que je ne puis pas les accepter. Je vous préviens[4], en conséquence, que je vous les laisse pour compte.

Si vous êtes à même[5] de vous conformer à mes ordres, vous pouvez me faire une nouvelle expédition, à laquelle vous pourrez ajouter deux barriques d'huile de Lucques.

Comptant sur votre réponse par retour du courrier, je vous prie d'agréer mes salutations empressées.

W. WILSON.

Advice of receipt of drafts to negotiate.

Florence, le 20 septembre 18..

Monsieur Cantagrel, à Cambrai.

Je reçois à l'instant votre lettre du 15 courant, renfermant trois traites :

2,000 fr. à vue ;
4,000 fr. sur MM. Garni, à Naples, au 20 courant.
3,000 fr. sur M. Spinelli, à Rome, au 25 d°.

---

1. *Je m'empresse*, I hasten.
2. *Pâtes*, Italian paste.
3. *Aisément*, easely.
4. *Je vous préviens*, I inform you.
5. *Si vous êtes à même*, if you are in a position.

Je m'empresserai de les négocier au cours le plus avantageux pour vous.

Dès que je pourrai, je vous aviserai du résultat de cette négociation et je garderai[1] le produit net[2] à votre disposition.

Veuillez agréer, Monsieur, mes salutations distinguées.

Frédéric F<small>REDERICI</small>.

Receipt of two remittances.

Berlin, le 15 octobre 18 .

Monsieur Blumenthal, à Nancy.

Je m'empresse de vous accuser réception de votre lettre du 8 courant, renfermant vos deux remises montant à 6,000 fr., pour solde de nos factures des 4 et 5 courant.

J'effectuerai la rentrée[3] de ces valeurs et je vous créditerai de ladite somme.

Dans l'espoir de recevoir bientôt vos nouveaux ordres, j'ai bien l'honneur de vous saluer.

E. U<small>NSER</small>.

CHAPTER VIII

LETTERS OF COMPLAINT AND RECLAMATION

Precepts.

These letters require great tact and dignity on the part of the writer.

If he has a perfect right to make a complaint it is unne-

---

1. *Je garderai*, I shall keep.
2. *Le produit net*, the net proceeds, the amount.
3. *La rentrée*, the cashing.

cessary to be aggressive. He should mention to his correspondent their previous connections, and the manner in which he has been served up to that time.

The circumstances which cause the writing of these letters should dictate the tone, which ought always to be respectful, at the same time firm.]

1st **Example.**

Paris, le 2 mars 18..

Messieurs Corali et Barbo, à Milan.

J'ai reçu la lettre que vous m'avez adressée le 16 courant. Comme il semble résulter, de la lecture de cette lettre, que vous n'avez pas suffisamment compris celles que je vous ai précédemment envoyées ; comme aussi je ne voudrais pas que votre connaissance imparfaite de la langue française fût pour vous le prétexte, vrai ou faux, d'un acte qui, certainement, vous attirerait de graves ennuis[1] ; je prends la peine de vous confirmer en langue italienne ce que je vous ai déjà écrit en français, et qui suit :

Par vos lettres du 24 octobre et du 5 novembre, vous m'avez donné un ordre commercial. J'ai fidèlement rempli cet ordre. La marchandise vous est arrivée dans de bonnes conditions, conforme à la demande, en temps et lieu fixés. Votre lettre du 26 décembre en fait d'ailleurs foi. Vous me devez donc le paiement intégral de ma facture. Je ne considère vos lettres du 3 et du 19 février que comme de mauvaises plaisanteries[2].

Maintenant, et pour finir, ma traite est lancée[3]. Elle vous sera présentée à l'époque indiquée : vous paierez ou vous ne paierez pas. — Si vous avez la sagesse de payer, tout sera bien. Si, au contraire, vous ne payez pas, j'emploierai, pour vous y con-

---

1. *Graves ennuis*, serious consequences.
2. *Plaisanteries*, jokes.
3. *Lancée*, put in circulation.

traindre [1], tous les [moyens que la loi met à ma disposition.

J'ai l'honneur de vous saluer.

P. Mandeau.

2nd Example.

Paris, le 8 septembre 18..

Monsieur Wankel, à Gand.

J'ai beau vous écrire, mes lettres restent sans réponse. Cependant[2], je viens vous prévenir que le banquier, détenteur[3] des 40,000 francs en effets que je vous avais souscrits, et que vous m'aviez juré n'avoir pas négociés, me poursuit[4] et que je suis assigné[5] pour le 12 courant au Tribunal de commerce.

Or, vous devez comprendre, que le jour où je serai déclaré en faillite[6], je n'aurai plus de ménagements[7] à avoir pour vous qui êtes la cause de ma perte. Pendant qu'il est temps encore de réparer tout le mal que vous m'avez fait, venez immédiatement à Paris, afin de vous arranger[8] avec M. P., car je ne puis comprendre quel bénéfice[9] peut vous causer ma ruine, quand vous pouvez m'éviter ce désastre, en étant présent à Paris.

Comptant vous voir, sans faute[10], j'ai l'honneur de vous saluer.

P. Nayel.

1. *Contraindre*, to oblige.
2. *Cependant*, however.
3. *Détenteur*, holder.
4. *Me poursuit*, has commenced proceedings against me.
5. *Assigné*, summoned.
6. *Faillite*, bankrupt.
7. *Ménagements*, regard.
8. *Arranger*, to arrange.
9. *Bénéfice*, advantage. This word must not be confounded with *bienfait*, which signifies: benefit, kindness, favor; while *bénéfice* signifies: profit, advantage, benefice.
10. *Sans faute*, without fail.

3rd Example.

Le Havre, le 9 juin 18.

Monsieur Lacotte, à Dublin.

J'ai appris, avec surprise, par un avis du chef de gare du chemin de fer [1], que vous n'êtes pas dans l'intention de retirer l'envoi que je vous ai fait le 25 mai, contre remboursement de 340 francs.

Je dois vous déclarer que cela serait fort ennuyeux [2] pour moi, car, indépendamment des frais de retour [3], comme c'est un paquebot qui vient de l'étranger [4], il faut aller réclamer la caisse à la douane avec le commissaire de police de son quartier, pour prouver que ce ne sont pas des marchandises étrangères que l'on reçoit, et éviter ainsi les droits d'entrée [5].

Vous me rendriez donc un grand service en retirant les marchandises, et je vous abandonnerais, à titre d'indemnité, le précédent envoi d'échantillons, que je vous ai fait.

Pensant que vous accéderez à ma demande [6], je vous prie d'agréer, Monsieur, mes sincères salutations.

C. Furrer.

Complaint on the subject of a delay.

Paris, le 9 novembre 18..

Monsieur,

Par la présente, nous venons vous rappeler que notre commission N°... est en retard.

Il est absolument indispensable qu'elle soit livrée [7] le.....

---

1. *Chef de gare du chemin de fer*, station-master.
2. *Fort ennuyeux*, very annoying.
3. *Frais de retour*, expenses of returning it.
4. *De l'étranger*, from abroad.
5. *Droits d'entrée*, entry dues, duty.
6. *Demande*, request.
7. *Livrée*, delivered.

Nous comptons donc sur votre empressement [1] à exécuter cet ordre, et, à cet effet, nous vous prions de passer demain, de 3 à 5 heures, à notre magasin, pour nous fixer sur ce point.

En attendant votre visite, nous avons l'honneur de vous saluer.

WILSON et GREY.

Complaining of the quality of goods.

Saint-Pétersbourg, le 15 février 18..

Monsieur Herold, à Lyon.

Le chemin de fer vient de me remettre la caisse de rubans que je vous ai commissionnés [2] par ma lettre du.....

Cette fois, je dois me plaindre [3] du peu de soin que vous avez mis à me servir : les rubans que vous m'avez expédiés ne sont nullement vendables, et je le regrette d'autant plus que vous me faites manquer la saison [4], car nous n'aurons guère le temps de recevoir un nouvel envoi dans le genre qu'il faut à mes clients. Tout me porte à croire [5] que vous n'avez pas surveillé l'expédition, et que vous êtes indifférent à la négligence de vos employés.

Je vous préviens donc que je vous laisse pour compte vos articles, et, pour la prochaine saison, je verrai à me pourvoir [6] ailleurs.

Agréez mes civilités empressées.

W. SOLIKOF.

1. *Empressement*, readiness, promptness.
2. *Que je vous ai commissionnés*, ordered from you.
3. *Me plaindre*, complain of.
4. *Manquer la saison*, to miss the season.
5. *Tout me porte à croire*, everything induces me to believe.
6. *Pourvoir*, to provide.

Complaining of a bill protested.

Strasbourg, le 3 novembre 18..

Monsieur Kraft, à Versailles.

En réponse à votre lettre du 28 dernier[1], je dois vous avouer que je suis bien fâché de vous voir laisser protester[2] vos billets, sans vous inquiéter de faire honneur à votre signature.

Si, au moins, vous m'aviez prévenu que vous n'étiez pas en fonds[3], j'aurais fait avec vous ce que je fais avec mes autres clients : je vous aurais envoyé l'argent nécessaire.

Mais votre manière d'agir n'est pas faite pour vous attirer l'estime et la confiance[4] de vos correspondants. En conséquence, je dois vous prévenir[5] que, si dans 10 jours les billets ne sont pas acquittés[6], j'userai[7] de tous mes droits.

M. MASKA.

CHAPTER IX

LETTERS OF EXCUSE

Precepts.

These letters are to inform a correspondent of the reasons which have prevented the writer from keeping the promises which he had made.

It is necessary to be perfectly candid, without humilia-

---

1. *Dernier,* last.
2. *De vous... protester,* to see that you allow... protested.
3. *Vous n'étiez pas en fonds,* you had no funds.
4. *Confiance,* confidence. The word *confidence* is also French, but it is employed in the sense of communicating a secret.
5. *Prévenir,* to inform.
6. *Acquittés,* paid.
7. *J'userai,* I shall exercise.

ting one's self dignity; is required in these circumstances.

The best means to obtain excuse for any neglect is to repair it in the best way possible, and within the shortest delay.

Asking excuse for inability to pay bills.

Anvers, le 26 mars 18..

Monsieur Beaurel, à Bordeaux.

N'ayant pas encore reçu les marchandises que j'attends de l'Angleterre, et n'étant pas en mesure[1] de vous solder les traites que vous avez tirées sur moi, je viens vous prier de bien vouloir[2] les renouveler pour la fin d'octobre prochain.

Comme je vous l'ai dit lors de notre dernière entrevue, j'attends assez de marchandises pour régler tout ce que je dois, d'autant plus que j'ai déjà vendu pour une dizaine de mille[3] francs, qui me seront payés aussitôt qu'on aura reçu[4] les dites marchandises. Ce n'est donc pour vous qu'un retard de quelques semaines, qui ne vous est nullement préjudiciable puisque je vous paie la négociation des effets. Je vous avoue[5] que, si je dois compter sur quelqu'un dans une pareille circonstance, c'est certainement sur vous.

Je veux donc espérer que, grâce[6] aux excellents rapports que nous avons eus ensemble, vous ne voudrez pas me refuser ce service, qui s'explique par les conditions exceptionnelles dans lesquelles je me trouve momentanément, conditions qui, soyez-en certain, ne sont que passagères.

Dans l'attente d'une réponse favorable, et comp-

---

1. *En mesure,* in a position.
2. *Bien vouloir,* to be kind enough.
3. *Mille,* thousand. See note 1, page 82.
4. *Aussitôt... reçu,* on receipt of.
5. *Je vous avoue,* I confess.
6. *Grâce,* thanks.

tant sur l'amitié que vous m'avez témoignée, je vous prie de me croire

Votre bien dévoué
C. Pass.

Asking excuse for not having acknowledged receipt of drafts on their arrival.

Prague, le 18 octobre 18..

Monsieur Brun, à Cambrai.

Après une absence de six jours, je trouve, à mon retour chez moi, votre lettre du 10 courant renfermant[1] vos deux traites.

Je suppose que votre impatience a été grande, en voyant un si long temps s'écouler[2] sans recevoir de mes nouvelles. Maintenant que vous connaissez le véritable motif de ce retard, j'espère que vous n'exigerez pas trop d'excuses de ma part.

Bonne note est prise de votre envoi, et, dans l'attente de vos nouvelles, je vous prie d'agréer mes sincères salutations.

C. Chircof.

Justification for inability to execute an order.

Lille, le 20 juin 18..

Monsieur Johnson, à Londres.

Me rapportant à votre lettre d'hier, je dois vous avouer que je comprends tout votre mécontentement[3] du retard que je mets à vous livrer les articles que vous avez bien voulu me commissionner[4].

Mais vous ignorez la cause qui a donné lieu à ce

---

1. *Renfermant,* containing.
2. *S'écouler,* to pass.
3. *Mécontentement,* discontent.
4. *Commissionner,* to order.

retard : il y a dix jours, le feu a pris à la maison [1] contiguë à mon atelier [2]. Or, il a fallu un déplacement [3] considérable pour sauver tous mes outils [4]. L'atelier étant encore encombré des débris de l'incendie, mes ouvriers se trouvent dans l'impossibilité de reprendre leurs travaux.

J'espère que vous tiendrez compte de la situation qui m'est faite à la suite de ce malheur, et vous pouvez être certain que, si un nouveau retard pouvait être préjudiciable à vos intérêts, je me mettrais en mesure de vous dire franchement si oui ou non vous devez compter sur moi.

Recevez, Monsieur, l'assurance de toute ma considération.

I. BRAC.

Reply to a merchant who complains of the high prices charged to him.

Sedan, le 11 septembre 18..

Monsieur Gabriel, à Toulouse.

Je reçois à l'instant votre lettre du... et je suis on ne peut plus [5] étonné de vos plaintes. Vous voulez me prouver que je vous ai marqué des prix plus élevés qu'à mes autres clients de votre ville. Il y a là un malentendu [6] de votre part.

Les draps que j'ai expédiés à M. C... ne sont nullement de la même qualité que les vôtres : vous pouvez vous en convaincre en comparant [7] les deux étoffes ; et, si vous me prouvez le contraire, je vous laisserai les pièces pour rien.

---

1. *Le feu a pris à la maison,* the house took fire.
2. *Atelier,* workshop. See note 4, pag. 35.
3. *Déplacement,* removal.
4. *Outils,* tools, instruments.
5. *On ne peut plus,* greatly.
6. *Malentendu,* misunderstanding.
7. *En comparant,* in comparing; pres. part. of *comparer,* to compare.

Moi-même, j'en ai surveillé l'expédition, et les prix marqués sur ma facture sont au plus juste[1].

D'ailleurs, je ne saurais surfaire à[2] une maison comme la vôtre[3], avec laquelle je suis en excellents rapports depuis si longtemps.

Dans l'attente de vos nouvelles, j'ai l'honneur de vous saluer.

B. Munchen.

CHAPTER X

LETTERS ON BUSINESS OF EXCHANGE

Precepts.

Business of exchange consists in the negociation of bills payable at home or abroad — If the exchange is advantageous, the balance of accounts can be obtained with a correspondent in the following manner.

1st By remitting him drafts payable in his own town, or in a neighbouring city.

2nd By sending him bills signed to his order.

3rd By authorizing him to draw bills.

If the exchange is not advantageous, money or notes are sent.

Sending quotation of exchanges. Offer of services.

Paris, le 4 mai 18..

Monsieur Farini, à Naples.

Me conformant à ma précédente circulaire, j'ai

---

1. *Sont au plus juste,* are the lowest.
2. *Surfaire à,* overcharge.
3. *Comme la vôtre,* like yours.

l'honneur de vous adresser ci-joint la cote des changes[1] pour les effets sur les villes qui y sont mentionnées, dans l'espoir que vous voudrez bien me remettre des valeurs sur nos places.

Mes conditions sont : $1/3\%$ de commission pour les encaissements[2] portés à votre compte, et 3% de compte d'intérêts.

Je ne doute point que vous n'accédiez[3] aujourd'hui au désir que je vous ai manifesté, à différentes reprises[4], de voir s'établir entre nous des rapports d'une utilité réciproque.

J'ose espérer que les conditions modérées de mon tarif vous engageront à m'accorder la préférence, et, dans l'attente de vos prochains ordres, je vous présente l'hommage de ma parfaite considération.

L. GARNIER.

Reply.

Naples, le 12 mai 18..

Monsieur Garnier, à Paris.

Je viens de recevoir la lettre fort obligeante[5] que vous m'avez fait l'honneur de m'écrire le..., renfermant la cote des changes. — Soyez certain qu'en toute occasion je saurai profiter[6] de votre ministère. Pour le moment, la stagnation des affaires, due à la fièvre des élections politiques, ne me permet pas de commencer nos spéculations ; mais la crise n'est que momentanée, et vous pouvez compter prochainement sur mes ordres.

Veuillez agréer mes salutations empressées.

F. FARINI.

1. *Cote des changes*, rate of exchange.
2. *Encaissements*, collection.
3. *N'accédiez*, assent.
4. *Reprises*, times.
5. *Fort obligeante*, very kind.
6. *Je saurais profiter*, I shall avail myself.

Sending draft for acceptance.

Rouen, le 2 février 18..

Monsieur Rigau, à Madrid.

Nous prenons la liberté de vous remettre ci-inclus une traite de 3000 francs sur la maison Oliva et Cie de votre ville, au 25 de ce mois, et vous prions de la présenter à l'acceptation. Veuillez nous la renvoyer par le plus prochain courrier, et nous excuser de l'embarras que nous vous donnons.
Amitiés.

D. CRUC et Cie.

Enclosing acceptance.

Madrid, le 18 février 18..

Messieurs Cruc et Cie, à Rouen.

J'ai l'avantage de vous remettre ci-joint, pour ma décharge[1], et revêtue de l'acceptation[2], la première de change de :
3000 francs sur la maison Olivas et Cie, de notre ville, que vous m'aviez chargé de lui faire présenter.
Je vous renouvelle[3] l'offre de mes services très-dévoués, et je vous salue avec une parfaite estime.

R. RIGAU.

Protest for refusing acceptance.

Toulouse, le 1.. juin 18..

Monsieur Graiof, à Constantinople.

J'ai reçu en temps voulu[4] votre lettre du 5 mai dernier, par laquelle vous me transmettiez une traite

---

1. *Pour ma décharge*, to exonerate myself.
2. *Revêtue de l'acceptation*, duly accepted.
3. *Renouveler*, to renew.
4. *Temps voulu*, due times

de 2000 francs au 9 juin, sur M. Strauss, de cette ville, pour en opérer l'encaissement[1].

En attendant l'échéance[2], j'ai fait présenter cette traite à l'acceptation, et comme elle n'a pas été acceptée, je l'ai fait protester. Vous trouverez ci-joint la retraite[3] montant[4], frais compris, à 2008 francs, que je porte à votre débit.

Veuillez m'en accuser réception et agréer mes civilités.

P. Kespler.

Remittance of bill for collection.

Valenciennes, le 5 mai 18..

Monsieur Wicht, à Vienne.

Nous prenons la liberté de vous remettre ci-inclus 3000 francs sur MM. Knaben, Snack et Cie, de votre ville, au 25 de ce mois. Nous vous prions d'en opérer l'encaissement et de nous faire parvenir le montant[5] en papier sur notre place, déduction faite de vos frais[6].

Dans l'attente de bonnes nouvelles de vous et à l'occasion du service que nous réclamons aujourd'hui de votre obligeance[7], nous vous prions d'agréer nos sincères salutations.

E. Godard et Cie.

Reply.

Vienne, le 27 mai 18..

Messieurs Godard et Cie, à Valenciennes.

Je suis heureux de vous annoncer que la remise contenue dans votre lettre du... sur MM. Knaber, Snack

---

1. *En soigner l'encaissement*, to see after the cashing of it, to cash.
2. *L'échéance*, that it falls due.
3. *Retraite*, redraft.
4. *Montant*, amounting.
5. *Le montant*, the sum.
6. *Frais*, expenses.
7. *Obligeance*, kindness.

et Cie de cette ville, montant à 3000 francs,
a été payée   3000 fr.
    Escompte et commission déduits. .   11
                         Restent . 2989 fr.
que vous recevrez par retour du courrier en ma traite à vue payable chez M. P.[1] de votre ville.

Je vous renouvelle mes offres de service et vous salue cordialement.

                                      B. Wicht.

Intervention for a protested bill.

                                 Brême, le 40 mai 18..

Monsieur Mauri, à Nice.

Me conformant à ma lettre[2] d'hier, je vous adresse aujourd'hui, sous ce pli, votre traite de 3000 fr. sur M. Ney, de cette ville, que j'ai payée par intervention, après protêt, pour l'honneur de votre signature.

Ci-joint[3] le protêt avec la note des frais résultant de cette malheureuse affaire.

Pour me rembourser du montant et des frais je disposerai[4] sur vous à vue.

Charmé[5] d'avoir eu une occasion d'intervenir pour l'honneur de votre signature, je vous renouvelle l'offre de mes services et vous salue cordialement.

                                      P. Berk.

1. *Chez M. P.*, at Mr P's.
2. *Me conformant à ma lettre*, as per my letter.
3. *Ci-joint*, herewith.
4. *Je disposerai*, I shall draw.
5. *Charmé*, glad.

CHAPTER XI

ASKING FOR MONEY

Precepts.

A demand of this nature is addressed (in a commercial point of view) either to a debtor or to a person with whom one is on good terms.

In the first place, it must be more or less pressing according to the necessity one has for the sum due, and the solvability of the person addressed.

In the second case, it is necessary, as much as possible, without insisting too much, to indicate the motive which gives rise to the request for money, and the time when it could be repaid.

1st Example.

Rouen, le 19 juillet 18..

Monsieur Unikof, à Moscou.

Le chemin de fer vient de me retourner le colis[1] de toiles que je vous avais expédié avant-hier, contre remboursement de 350 francs, me disant que, pour la Russie, il ne prend pas de remboursements[2].

Veuillez donc avoir l'obligeance de m'envoyer le montant[3], si vous voulez que je vous envoie ces toiles.

Le premier banquier venu[4] de Moscou peut vous donner une traite payable à vue[5] sur une maison de banque de Rouen.

1. *Colis*, case or package.
2. *Il ne prend pas de remboursements*, it does not accept assignments.
3. *Montant*, amount.
4. *Le premier banquier venu*, any banker.
5. *A vue*, at sight.

Dans cette attente, j'ai l'honneur de vous présenter, Monsieur, mes salutations distinguées.

C. COLLARD.

2nd Example.

Paris, le 2 janvier 18

Monsieur Gobel, à Dijon.

Je reçois votre lettre contenant un effet [1] de 400 fr. au 25 juin prochain, que je vous renvoie ci-joint [2], car vous ne m'avez pas compris.

Dans ma dernière lettre, je vous ai demandé, pour prendre les renseignements [3] d'usage, l'adresse de deux maisons de Paris avec lesquelles vous soyez en rapport. Si cependant vous préférez faire les affaires [4] au comptant, je vous ferai un envoi de 50 à 100 fr. de chemises de laine, contre remboursement, par le chemin de fer, grande vitesse [5]. Ou, et c'est le meilleur système, veuillez m'envoyer un mandat sur la poste de 20 ou 30 francs, et vous recevrez par le retour du courrier l'équivalent en chemises, ce qui vous permettra de juger de la confection [6].

Dans l'attente de votre réponse, veuillez recevoir mes salutations.

B. BRIGNON.

3rd Example.

Le Mans, le 8 décembre 18..

Monsieur Rivarol, à Genève.

Malgré tous mes efforts, je ne puis arriver à payer

---

1. *Effet*, bill, draft.
2. *Renvoie ci-joint*, return herewith.
3. *Renseignements*, information.
4. *Affaires*, business.
5. *Grande vitesse*, passenger train.
6. *Confection*, making up.

entièrement l'effet de 400 fr., à votre ordre, échéant [1] jeudi prochain.

Veuillez donc avoir la bonté d'accepter le mandat ci-joint de 200 francs, moitié de la somme que je vous dois, afin de faciliter mon échéance [2] de fin courant.

Je vous prie de ne considérer cette démarche [3] que comme amenée par la nécessité et la bonne volonté où je suis de remplir mes engagements.

C'est dans cette attente [4] que je vous prie d'agréer, avec mes salutations, l'expression de ma sincère amitié.

J. Lurot.

4th Example.

Paris, le 14 janvier 18..

Monsieur Pons, à Besançon.

J'ai été surpris ce matin de recevoir votre traite de 550 francs, puisque vous ne m'envoyez pas les fonds pour la payer, conformément à votre promesse.

Comme je vous l'ai écrit, je n'ai pas moi-même les moyens de la payer, et il m'est impossible actuellement d'obliger mes amis [5], ayant épuisé [6] toutes mes ressources.

Je suis donc forcé, afin de pouvoir faire de l'argent pour couvrir [7] cette traite, de tirer sur vous 350 fr. fin courant [8], et 200 fr. fin septembre.

Je crois qu'il vous sera plus commode de solder ce compte en deux fois : je voudrais bien pouvoir faire mieux, mais je suis dans une position très-embarrassée [9].

Croyez-moi   Votre devoué serviteur
L. Brague.

1. *Échéant,* falling due.
2. *Echéance,* payment.
3. *Démarche,* step.
4. *Attente,* hope.
5. *D'obliger mes amis,* to have recourse to my friends.
6. *Épuisé,* exhausted.
7. *Pour couvrir,* to cover.
8. *Fin courant,* for the end of the month.
9. *Très-embarrassée,* difficult, embarrassing.

Request for two drafts instead of one, on account of the impossibility of paying the totality at one payment.

Bordeaux, le 26 décembre 18..

Monsieur Py, à Paris.

En réponse à votre lettre du 18 décembre, dans laquelle vous m'annoncez que vous allez tirer sur moi pour la somme de 1,236 francs, fin janvier prochain, je viens vous prier de vouloir bien remplacer cet effet par deux traites : l'une de 500 fr., fin avril, et l'autre de 736, fin juin, car il m'est impossible de prendre des engagements antérieurs.

J'espère que vous aurez satisfait au désir mentionné dans ma lettre du 24 novembre, dans laquelle je vous priais de faire traite sur moi pour 400 francs, fin mars.

J'ose croire que vous ne saurez pas me refuser cette faveur, et, à cet effet, veuillez me communiquer votre adhésion, afin que je puisse prendre note de ces trois échéances.

Dans cette attente, je vous prie d'agréer, avec mes remercîments, l'assurance de ma parfaite considération.

M. Muy.

CHAPTER XII

ASKING BANK FOR CREDIT. ASKING BANK FOR CREDIT AGAINST DEPOSIT OF SECURITIES.

Precepts.

The purpose of these letters is to ask a banker to open an account current, in consideration of certain securities placed in his keeping to cover the amount of the credit.

It is well, in such letters, to indicate the kind of business carried on, and the connection one possesses, so that the banker should not hesitate to accept your proposition.

Asking for an open credit.

Perpignan, le 6 mai 18..

Monsieur Julien, banquier à Marseille.

Il y a environ six mois, j'ai eu le plaisir de vous envoyer ma circulaire relative à la fondation de ma maison d'exportation de vins.

Mes affaires ont pris depuis cette époque[1] une grande extension, et elles exigent[2] un roulement de fonds[3] assez considérable. C'est pourquoi, mes moyens financiers étant insuffisants, j'ai besoin de trouver une maison de banque disposée à m'ouvrir un crédit à découvert[4] de 15,000 francs.

Si ma proposition vous agrée[5], veuillez me faire connaître vos conditions.

MM. Roy frères, de votre ville, vous donneront sur moi tous les renseignements nécessaires.

Dans l'attente d'une prompte réponse, je vous prie d'agréer mes civilités empressées.

N. Micel.

Favourable reply.

Marseille, le 10 mai 18..

Monsieur Micel, à Perpignan.

J'ai été très-honoré de votre lettre du..., et je suis

---

1. *Depuis cette époque,* since that time.
2. *Exigent,* require.
3. *Roulement de fonds,* circulation.
4. *Découvert,* open credit.
5. *Si ma proposition vous agrée,* if you consent (or agree) to my proposal.

heureux de vous annoncer que je n'hésite pas à entrer en relations avec vous.

Conformément à votre désir, je vous ouvre un crédit en blanc de 15,000 francs, à la condition, bien entendu, que vous me rembourserez aux époques que nous fixerons.

Voici maintenant mes conditions :

1° Je me couvrirai de mes avances dans les trois mois qui suivront mes payements.

2° Les intérêts réciproques seront calculés à 6 % par an.

3° Pour les payements sur votre place $1/3$ % ; pour les effets payables ailleurs[1] $1/3$ %.

4° Nos comptes seront réglés[2] tous les quatre mois.

En attendant votre réponse, j'ai bien l'honneur de vous saluer.

P. Julien, banquier.

Asking credit against deposit of securities.

Toulouse, le 4 juin 18..

Monsieur Siraudin, à Marseille.

Votre circulaire du... et la lettre du... qui l'accompagnait, viennent de m'arriver[3].

Je ne saurais trouver une meilleure occasion de profiter de vos offres de services. Par suite[4] d'achats fort considérables en laines, je me trouve pris au dépourvu[5] et j'aurais besoin de 10,000 francs. — J'ai en portefeuille pour 6000 fr. de traites, quatre actions[6] du Crédit foncier, et six actions de la Banque de France. Je vous donnerais en dépôt toutes ces valeurs contre une avance de 10,000 francs.

---

1. *Ailleurs*, elsewhere.
2. *Réglés*, regulated, closed, balanced.
3. *Viennent de m'arriver*, have just reached me.
4. *Par suite*, in consequence.
5. *Au dépourvu*, unawares.
6. *Actions*, shares.

Veuillez me faire connaître vos conditions, et, dans l'attente d'une prompte réponse, je vous prie d'agréer mes salutations empressées.

M. Mirrus.

Favourable reply.

Marseille, le 7 juin 18..

Monsieur Mirrus, à Toulouse.

En réponse à votre lettre du..., je suis heureux de pouvoir acquiescer à votre demande.

Conformément à votre désir, je suis prêt à vous avancer la somme de 10,000 francs contre dépôt des valeurs dont vous me parlez dans votre lettre.

Vous me paierez $\frac{1}{4}$ % de commission et 5% d'intérêt.

Dans l'attente de votre réponse, j'ai l'honneur de vous saluer.

G. Siraudin.

Unfavourable reply.

Marseille le 7 juin 18..

Monsieur Mirrus, à Toulouse.

En réponse à votre lettre du.., j'ai le regret de vous annoncer que je ne puis donner suite [1] à votre proposition.

La crise toujours croissante des affaires et les complications politiques qui pourraient surgir [2] d'un moment à l'autre m'obligent, momentanément, à suspendre toutes mes opérations.

Dès que les événements inspireront plus de con-

---

1. *Donner suite*, consent. | 2. *Surgir*, arise.

fiance, vous pourrez, soyez-en convaincu, profiter de mes services.

Agréez, Monsieur, mes salutations sincères.

G. Siraudin.

CHAPTER XIII

TRANSPORT OF GOODS BY SEA.

Precepts.

The letter of advice for this kind of consignments has the same object as the ordinary letter of advice. There should be enclosed, with the invoice of goods, the bill of lading signed by the shipper, and the captain of the vessel upon which the shipment has been made.

Advice of the consignments of goods.

Bordeaux, le 25 juillet 18..

Monsieur Jacobsen, à Stockholm.

Conformément aux indications contenues dans votre lettre du.., je vous envoie aujourd'hui, par le *Ferdinand*, capitaine Sokor :

      10 pièces Volney - 1871.
      15 » Beaune - 1874.

Ci-inclus le connaissement [1], et mon compte des frais [2] s'élevant à [3] 950 francs, dont vous me couvrirez par un effet à vue, à mon ordre.

J'ai l'honneur de vous saluer.

C. Carpelle.

1. *Connaissement*, bill of lading.
2. *Frais*, expenses. The word *frais* is always employed in the plural and has a more extended sense than *dépense*.
3. *S'élevant à*, to the amount of.

Announcing departure of a vessel.

Bordeaux, le 9 septembre 18..

Monsieur Souza, à Lisbonne.

Je m'empresse de vous annoncer le départ de la *Gironde* pour votre ville. Tous vos articles ont été soigneusement chargés à bord.

Le capitaine Turenne m'a promis de m'envoyer, sous peu, les papiers demandés.

Sans autre nouvelle à vous donner, je vous prie d'agréer mes civilités empressées.

C. Donneau.

Claiming goods of a captain.

Hambourg, le 5 mars 18..

Monsieur Picard, à Marseille.

Une lettre de mon correspondant m'apprend que la *Liguria* vient de rentrer dans votre port, et que la cargaison[1] ayant subi des avaries[2], il a fallu la débarquer[3] et l'emmagasiner[4] dans votre ville.

Le but de la présente est de vous prier de réclamer les marchandises mentionnées dans la note ci-jointe[5].

Veuillez me faire connaître le montant[6] de la commission que vous prendriez pour en opérer la réexpédition à Gênes par quelque autre navire.

---

1. *Cargaison,* cargo.
2. *Subi des avaries,* been damaged.
3. *Il a fallu débarquer,* they have been obliged to land.
4. *Emmagasiner,* to store.
5. *Ci-jointe,* herewith. *Ci-joint* and *ci-inclus* being adjectives agree in gender and number with the noun when the latter precedes it. They do not change: 1° When the noun following is neither preceded by an article nor by a determinate adjective. Ex.: *Vous trouverez ci-joint copie de sa lettre.* 2° When they begin the sentence. Ex.: *Ci-inclus la copie du contrat.*
6. *Montant,* amount.

En attendant votre réponse le plus tôt possible, je vous prie d'agréer la nouvelle expression de ma considération distinguée.

R. Gobat.

Notice that the cargo has been landed on account of repairs required by the vessel.

Marseille, le 8 août 18..

Monsieur Morsen, à Paris.

En vous confirmant ma lettre d'hier, je porte à votre connaissance que, par suite[1] de réparations que nécessite le mauvais état du navire, la cargaison du *Cromwell* a été mise à terre et emmagasinée ici. On pense que le navire pourra reprendre la mer dans une dizaine de jours.

Ci-inclus, le détail des frais d'assurance et du frêt [2].

N'ayant pas en ce moment d'autres renseignements à vous donner, je vous prie d'agréer mes salutations empressées.

C. Carcel.

CHAPTER XIV

ORDER FOR AN INSURANCE

Precepts.

The order to insure merchandise forwarded by sea, is a simple advice given to a ship-broker. The order has no

---

1. *Par suite*, (adv. locution), in consequence, on account.
2. *Frêt*, freight; *fréter*, to freight. to charter.

legal value itself : the insurance policy alone binds the parties.

An insurance order is addressed by a merchant to his correspondent abroad, to direct the conditions which ought to be in the policy, and the rate of premium.

It states if the object of the insurance is the body of the vessel, empty or laden, fitted out or not, the merchandise and other objects subject to risk from navigation.

Merchandise is always rated at 10 °/₀ above the real value.

Order to insure.

Rouen, le 19 août 18.

Monsieur Soufflot, à Alger.

Nous vous prions d'assurer, au reçu [1] de la présente, 300 sacs de blé, montant à [2] fr. 9000, chargés dans votre port, pour notre compte, à bord du *Général Lafayette*, capitaine Sixtus, à destination du Hâvre.

Vous nous débiterez du montant des frais, et nous nous en rapportons [3] entièrement à vous pour faire assurer dans les meilleures conditions possibles.

Comptant sur votre ponctualité dans l'exécution de cet ordre, nous avons l'honneur de vous saluer.

G. MAX et TOPET.

Reply.

Alger, le 3 septembre 18..

Messieurs Max et Topet, à Rouen.

Possesseur de votre estimée du 19 août, j'ai effectué l'assurance, pour votre compte, de 300 sacs de blé, montant à fr. 9000, chargés à bord du *Général*

---

1. *Au reçu*, on receipt.
2. *Montant à*, amounting to.
3. *Nous nous en rapportons*, we leave it entirely to you.

Lafayette, capitaine Sixtus, qui doit se rendre au Hâvre.

Je vous débite [1] de 54 francs, montant de la prime [2], y compris les frais de police [3], de commission, etc.

Je veux espérer que vous serez satisfaits du résultat que j'ai obtenu dans cette occasion, car la situation du navire n'est pas des plus favorables.

Toujours prêt à soigner vos intérêts, je vous salue bien sincèrement.

R. SOUFFLOT.

Advice of goods damaged.

Marseille, le 20 novembre 18.

Monsieur Alvares, à Paris.

J'ai le regret de vous annoncer que le *Mercure* vient de rentrer dans notre port avec sa cargaison complétement avariée. On ignore encore la cause de ce désastre.

J'ai vu le capitaine qui m'a remis copie du procès-verbal [4]. Veuillez me transmettre vos instructions, qui doivent servir au rapport que je soumettrai aux assureurs.

Dans cette attente, je vous salue cordialement.

P. ALMEIDA.

---

1. *Je vous débite*, I debit you; from *débiter*, to debit.
2. *Prime* (f.), premium. The word *prix* is employed in the sense of *price* or *prize*.
3. *Police*, policy.
4. *Procès-verbal*, official report.

CHAPTER XV

BILLS OF EXCHANGE

A *bill of exchange* is a commercial act by which an order is given to another person to pay a third party a certain sum of money. It may be made over to others by endorsement.

Direct bill.

B. P. fr. 3,000

Paris, le 4 juin 18..

A trois mois de date, payez, par cette première de change, à l'ordre de Monsieur Rousseau, la somme de trois mille francs, valeur reçue en marchandises, que vous passerez suivant l'avis de

B. BOITEL.

Monsieur L. BARTEAU, *à Lyon.*

Bill drawn payable on a fixed day.

B. P. fr. 2,000

Marseille, le 2 mai 18..

Au douze juin prochain, payez, par cette première de change, à l'ordre de moi-même, la somme de deux mille francs, valeur en moi-même, que vous passerez en compte, suivant l'avis de

R. GRÉGOIRE.

Monsieur C. PIEL, *à Londres.*

INDEX

	Page.
INTRODUCTION	1
General rules for familiar letters	1
The principal qualities of a letter	1
Of the different kinds of letters	3
Titles	3
Replies	

FIRST PART

FAMILIAR LETTERS.

FIRST CHAPTER. — Letters of request and demand	9
Precepts	9
To request an audience of a minister	9
To a deputy asking him to obtain of the minister of war a pension for a wounded soldier	10
To a station-master to obtain employment at the railway	12
To borrow money of a friend	13
To request payment of a debt	14
To beg the landlord for a diminution of rent	15
Letter of a clerk to his employer to ask for an advance on his salary	16
Begging an acquaintance to give all possible information to a friend who is passing through Paris before going to America	16
To request a barrister to plead in a trial	17
Acceptance from the barrister	18
To request the advice of a celebrated doctor before undergoing a surgical operation	19
CHAPTER II. — Letters of offers	20
Precepts	20

Page.

A lady residing at Nice invites a friend, who has been ill at Paris, to pass two months in this charming town, in the hope that its mild climate may hasten her recovery 20
A glove manufacturer offers the services of one of his best workmen as foreman to a friend about to commence glove making 21
M. B.., obliged to leave Paris, offers to sell his furniture to M. Y... on advantageous terms 22
To offer a present to a patron 23
To offer a box at the theatre for a representation of *William Tell* 24
To offer a dog to a friend 24
A lady offers to pass the night with one of her friends who has been long ill 25
A gentleman, starting for Rome, offers his services to a friend who is unable to go on account of bad health. 26

CHAPTER III. — Letters of refusal. 27

Precepts 27

An advocate refuses to undertake a lawsuit. ... 28
The manager of a theatre refuses an order to a journalist who has requested to be present at the repetition of a drama. 29
A music-master, overcharged with occupation, declines to give lessons to a lady 29
Refusal to lend books. 30
To decline tickets for a representation at the theatre 31
Mrs. T... refuses to lend Mrs. C... her jewels for an evening party. 31
Mrs. D... invites Mrs. P.:, residing at Florence, to come and pass the winter at Paris Mrs. P.., for private reasons, is unable to accept the kind invitation 32
Excuse for inability to accept an invitation to a party 33
Letter to a friend announcing the impossibility to lend him money 34

	Page.
A painter refuses to admit, into his studio, a young man desirous of becoming one of his pupils	35

CHAPTER IV. — LETTERS OF CONGRATULATION AND EULOGY ... 36

Precepts ... 36

To compliment a friend on a novel of which he is the author.	36
To a literary man on a translation of Schiller	37
To a friend named professor at a University.	38
To an actor on his great success on the stage	38
Letter of congratulation to a distinguihsed person named Commander of the order of	39
To a friend elected deputy	40
To a friend named to an important post	40
To congratulate a friend on his marriage	41
To felicitate a lady on her recovery.	41

CHAPTER V. — LETTERS OF THANKS. ... 42

Precepts ... 42

Thanking a Minister for his patronage	43
To thank a friend for inviting you to pass a few days in his country house.	43
To thank an eminent personage for his patronage	44
To a teacher.	44
To thank a lady for her attention to a friend	45
Thanking a friend for his enquiries after your health	46
To thank a friend who has lent you some money	46
To a friend to thank her for the good news she sends.	47

CHAPTER VI. — LETTERS OF CONDOLENCE AND CONSOLATION. ... 48

Precepts ... 48

To a friend who has lost his sister.	48
To a father on the death of his son	49
To a gentleman on the death of his daughter	50
To a friend on the death of his father	51
To a friend upon a family misfortune	51
To a painter who, notwithstanding his talent and merit, did not gain a prize from the academy	52

To an eminent person who broke his legon dismounting from his horse 53

CHAPTER VII. — Letters of recommendation 53
Precepts 53
To a banker recommending a young man who desires employment in his establishment 54
To a wealthy person recommending an unfortunate family. 55
To recommend a master to a family 56
To recommend a pupil to a master. 56
To recommend a friend who is seeking a place . . 57
To recommend a friend 58
To recommend a young couple 58

CHAPTER VIII. — Letters of advice, of presents, and invitation 59
Precepts 59
On sending a portrait. 60
Making a present of a gun. 60
To a master on making him a present 61
On making a present to a friend of a book of history 61
Inviting a painter to dinner 62
To invite a journalist to come and pass the carnival at Rome. 62
To invite a friend to a wedding 63
Inviting an actor to play at private theatricals. . . 63
To invite a lady to a pic-nic. 64

CHAPTER IX. — Letters of excuse and justification 65
Precepts 65
To a doctor for having delayed to pay his bill . . . 65
To an offended person 66
On the same subject 67
To a person who considers himself to have been insulted 67
Excuse for delay in answering a letter 68
On the same subjet. 69
Reply. 69

INDEX.

	Page.
Excuse or inability to render a service.	70
CHAPTER X. — Letters of complaint and reproach	71
Precepts	71
Letter of complaint from a master to the father of one of his pupils	71
To a friend who has not written according to his promise	72
Reply	73
To reproach a friend for his neglect to his business	74
Complaining of the bad quality of goods sent	75
CHAPTER XI. — Letters of reclamations.	76
Precepts	76
To reclaim furniture illegaly seized.	76
Asking for the return of the books	77
To ask for money lent	77
To a lawyer on account of his negligence	78
To a landlord to claim the repairs promised	78
To ask a friend for a book he has promised	79
To claim a letter at the Post-office	80
A milliner requests the payment of an account	80
CHAPTER XII. — Letters of compliments	8
Precepts	81
To a father wishing a happy new year	81
A daughter to wish her mother a happy new year	82
To a friend	83
To a friend on her birthday	83
To a uncle to wish him a happy new year	84
On the birthday of an aunt	84
To a distinguished person.	85
To a patron	86
CHAPTER XIII. — Letters of counsel	86
Precepts	86
To advise a friend to undertake a voyage for the benefit of his healh.	87
Advise to a friend who intends to enter upon a rash undertaking	88

	Page
To recommend the study of the Italian language	89
To advise a merchant not to leave France	90
To advise a friend to pass some time at Rome to perfect himself in the art of painting	91
Advice upon style	91
To a friend who neglects her education	92

CHAPTER XIV. — Letters of information and news ... 93

Precepts	93
To inform a friend of your departure for Japan	94
A young painter informs his master that his picture has been received at the exhibition	95
To a friend upon the death of a young lady	95
A lady writes to a friend, informing her that she intends to organize a lottery for the benefit of a poor family	96
Reply to a friend who enquires after you	97
To inform a friend that you will soon visit him	98
A young lady informs her friend of the intended marriage of a brother	98
To announce good news	99
To communicate bad news	100

CHAPTER XV. — Family letters and letters to friends ... 101

Precepts	101
To inform a gentleman that an unexpected accident will prevent you from attending his evening party	101
To a cousin who has received the prize for singing	102
To invite an aunt to a family party	103
To a sisters giving news of the health of their mother	103
Description of a journey	104

CHAPTER XVI. — Business letters ... 105

Precepts	105
Offering to sell a leather warehouse to a merchant	106
To beg a correspondent to undertake several commissions	106
Instructions to sell a house at Vienna	107

INDEX. 187

                                                      Page.

  Information respecting a person who offers himself as representative for a house of business 108
  To ask information respecting a public sale. ... 108
  To request an interview with a notary 109
  To request a delay for payment of an account .. 109
  Affirmative answer................ 109
  Letter to tranquillize a debtor 110

CHAPTER XVII. — NOTES 111

  Precepts...................... 111

  Invitation to dinner................ 111
  Reply accepting invitation. 112
  Reply refusing invitation 112
  Invitation to dinner................ 112
  Invitation to dinner................ 112
  Reply accepting invitation............ 112
  Invitation to dinner................ 113
  Reply regretting inability to accept. 113
  Invitation to an evening party. 113
  Another, same subject 113
  Invitation for the theatre 114
  Invitation 114
  Reply...................... 114

SECOND PART

COMMERCIAL LETTERS.

GENERAL RULES FOR COMMERCIAL CORRESPONDENCE ... 115
LIST OF THE ABBREVIATIONS EMPLOYED IN FRENCH COMMERCIAL CORRESPONDENCE. 116

CHAPTER I. — TRADE CIRCULARS AND NOTICES 117

  Precepts 117

  Circular announcing the establishment of a firm, for banking and exchange .... , ... 117
  Establishment of agency for the sale of chemical productions 118
  Creation of agency for the forwarding of goods and the execution of commissions, etc. 119

	Page.
Announcing dissolution of partnership and formation of a new firm	119
Circular announcing dissolution of a company	120
Formation of new firm	121

CHAPTER II. — REQUESTING INFORMATION FAVOURABLE AND UNFAVOURABLE INFORMATION. 122

Precepts	122
Requesting information concerning the credit to be given to a business firm	122
Favourable reply	123
Unfavourable reply	124
Requesting information concerning execution of an order	124
Dubious reply	125
Requesting information about a clerk	126
Respecting delay in the forwarding of merchandise	126
Information respecting the sulphur trade	127

CHAPTER III. — LETTERS OF CREDIT 128

Precepts	128
Letter recommending the representative of a firm	129
Letter of credit on Rome	129
Advice of letter of credit	130
Acknowleding receipt of advice	130
Notice of payment made to person accredited	131
Letter of credit on several places	131

CHAPTER IV. — OFFERS OF SERVICE AND REPLIES. . . 132

Precepts	132
A house doing business in tissues offers its services to a buyer	132
Same subject	133
A business house fixes conditions to the traveller	133
Offer of silk-worm eggs	135
Same subject	135
The conditions proposed by the customer are accepted	136
Refusal to deliver goods. Uncertain information	137
Refusal to reduce prices	138

INDEX.

	Page.
Delay in forwarding patterns.	139
CHAPTER V. — Orders.	140
Precepts.	140
Order for straw hats from Florence	140
Order for wine.	141
Order for silver chains	141
Same subject	142
Same subject	142
Drapery trade	143
Order to send sugar like sample received.	144
CHAPTER VI. — Letters of consignment and acknowledging goods.	145
Precepts.	145
Advising of consignment of shirts	145
Advising of consignment of oil	146
Advising of forwarding of silks to the consignee. Instructions relative to the sale.	146
Remittance with requesting for information respecting premium for insurance.	147
Forwarding two barrels of wine	148
Enclosing cheque	148
CHAPTER VII. — Aknowledging the receipt of merchandise.	149
Precepts.	149
Advice of receipt of silk.	149
Acknowledging the arrival of silver chains	150
Arrival of coffee.	151
Advice of arrival of wine	152
Advice of the reception of vermicelli.	153
Advice of receipt of drafts to negotiate	153
Receipt of two remittances	154
CHAPTER VIII. — Letters of complaint and reclamation.	154
Precepts.	154
1st Example.	155
2nd Example.	156

	Page
3rd Example	157
Complaint on the subject of a delay	157
Complaint of the quality of goods	158
Complaining of a bill protested	159

CHAPTER IX. — LETTERS OF EXCUSE 159

Precepts 159

Asking excuse for inability to pay bills	160
Asking excuse for not having acknowledged receipt of drafts on their arrival	161
Justification for inability to execute an order	161
Reply to a merchant who complains of the high prices charged to him	162

CHAPTER X. — LETTERS ON BUSINESS OF EXCHANGE . 163

Precepts 163

Sending quotation of exchanges. Offer of service	163
Reply	164
Sending draft for acceptance	165
Enclosing acceptance	165
Protest for refusing acceptance	165
Remittance of bill for collection	166
Reply	166
Intervention for a protested bill	167

CHAPTER XI. — ASKING FOR MONEY 168

Precepts 168

1rs Example	168
2nd Example	169
3rd Example	169
4st Example	170
Request for two drafts instead of one, on account of the impossibility of paying the totality at one payment	171

CHAPTER XII. — ASKING FOR BANK CREDIT. ASKING FOR BANK CREDIT UPON DEPOSIT OF SECURITIES ... 171

Precepts 171

Asking for an open credit	172
Favourable reply	172

	Page.
Asking credit against deposit of securities	173
Favourable reply	174
Unfavourable reply	174

CHAPTER XIII. — TRANSPORT OF GOODS BY SEA. . . . 175

Precepts	175
Advice of the consignments of goods	175
Announcing departure of a vessel	176
Claiming goods of a captain	176
Notice that the cargo has been landed on account of repairs required by the vessel	177

CHAPTER XIV. — ORDER FOR AN INSURANCE. . . . 177

Precepts	177
Order to insure	178
Reply	178
Advice of goods damaged	179

CHAPTER XV. — BILLS OF EXCHANGE 180

Direct bill	180
Bill drawn payable on a fixed day	180

DICTIONARY
OF
COMMERCIAL TERMS
ENGLISH AND FRENCH

REMARK. The repetition of the English or the French word is represented by —.

A

Abate, rabattre.
Abatement, n. réduction, remise, rabais.
Abroad, n. à l'étranger.
Abstract (*of account*), n. relevé.
Accept, accepter; *to — a bill of exchange,* accueillir une traite; *to — for honour of the drawer,* — pour honneur de la signature.
Acceptance, n. acceptation; *non —,* faute d'—.
Accommodation, n. arrangement; *— bill,* billet de complaisance.
Account, n. compte, note, mémoire; *abstract of an —,* relevé de —; *— current,* compte —; *for —,* pour —; *joint —,* — à demi; *in new —,* à nouveau —; *to settle an —,* régler un —; *statement of —,* relevé de compte.
Acknowledgement (*of receipt*), n. accusé de réception.
Address, n. adresse; *— book,* carnet d' —.
Adjust, régler.
Adjustment, n. arrangement.
Adulteration, n. frelaterie.
Advance, n. augmentation.
Advances, n. pl. avances; *— in blank,* — à découvert; *— on warrants,* — sur titres.
Advertisement, n. annonce.
Advice, n. avis; *without —,* faute d' —; *without further —,* sans autre —; *as per —,* suivant —.
Affair, n. affaire.
Agency, n. agence, commission, entremise; *— business,* agence.
Agent, m. représentant, agent, mandataire, commissionnaire.
Agreement, n. accord.
Alabaster, n. albâtre.
Alarum, n. réveil matin.
Album, n. album.
Alcohol, n. alcool.
Alembic, n. alambic.
All, tout; *— silk,* — soie.
Allowance, n. gratification.
Alloy, n. alliage.
Almond, n. amande; *cracked —,* — cassée.
Aloes, n. aloès.
Alpaca, n. alpaca.
Alum, n. alun.
Aluminium, n. aluminium.
Amaranth, n. amarante.
Amber, n. ambre.
Amends, n. dédommagement.

Amethyst, n. améthyste.
Amicable, amiable.
Ammoniac, n. ammoniaque.
Amount, n. montant; *full* —, — total ; *to the* — *of,* jusqu'à concurrence de.
Anchovy, n. anchois.
Aniseed, n. anis.
Annexed, ci-joint.
Annual, annuel, annuaire.
Annuitant, m. rentier.
Annuity, n. rente, annuité.
Anonymous, anonyme.
Antimony, n. antimoine.
Apparatus, n. appareil ; *warming* —, — de chauffage.
Appoint, n. appoint.
Appraiser, m. expert; — *at auction*, — priseur.
Appraising, n. expertise.
Arbiter, m. arbitre.
Arbitration, n. arbitrage.
Arrangement, n. agencement.
Arrears, n. pl. arrérages.
Arrival, n. arrivée ; — *of the mail*, — du courrier.
Arrivals, n. pl. arrivages.
Assets, n. pl. actif.
Assignee, m. syndic de faillite.
Assorted, n. assorti.
Assortment, n. assortiment.
Attentions, n. pl. soins.
Auction, n. criée, enchère, enchères, encan, adjudication ; *dutch* —, adjudication au rabais ;— *by inch of candle,* — à l'extinction des feux; *by* —, — à la criée.
Auctioner, m. commissaire (priseur).
Average, n. moyenne ; — *price,* prix moyen ; *on an* —, en —, ; *exemption from* —, franchise; *free from* —, franc d'avarie.

B

Bag, n. sac ; *travelling* —, — de nuit.
Baggage, n. bagage.
Bail, n. caution.
Balance, n. reliquat, solde, balance; — *of account*, solde de compte; — *against or in favour,* balance d'entrée ou de sortie; *to draw (a)* —, faire une —.
Balance, solder, balancer, faire l'appoint; *to* — *an account,* — un compte.
Balance-sheet, n. bilan balance.
Bale, n. colis.
Ball, n. balle, pelotte.
Bank, n. banque; — *clerk,* commis de —; — *of discount,* — d'escompte; *to place in the* —, mettre à la —; *savings* —, caisse d'épargne.
Banker, m. banquier.
Banking, n. banque, commerce de la banque; *to do* — *business,* faire la banque.
Bank-note, n. bank-note.
Bankrupt, m. banqueroutier; *to become* —, déposer son bilan, faire faillite ; *bankrupt's certificate,* concordat.
Bankruptcy, n. banqueroute ; *fraudulent* —, — frauduleuse.
Bargain, n. affaire, marché ; *time* —, marché à terme ; *over the* —, par dessus le marché.
Barley, n. orge.
Barometer, n. baromètre.
Barratry, n. baraterie.
Barrel, n. baril.

Baryta, n. baryte.
Basalt, n. basalte.
Basket, n. corbeille.
Bath, n. baignoire.
Bear, m. baissier.
Bearer, m. porteur; *share to —,* action au —.
Become, devenir; *to — a bankrupt,* faire faillite, déposer son bilan; *to — due,* échoir.
Bedding, n. literie.
Begin, commencer; *to — a correspondence,* entrer en relation.
Benzoin, n. benjoin.
Bid, n. offre, enchère; *there is (a) —,* il y a marchand.
Bidder, m. offrant; *to the highest —,* au plus —.
Bidding, n. enchère.
Bill, n. effet, billet, facture, mémoire; *accommodation —,* billet de complaisance; *— book,* échéancier, carnet d'échéances; *dishonoured —,* billet en souffrance; *— of exchange,* lettre de change; *paid —,* billet acquitté; *— to order,* — à ordre; *returned —,* — retourné; *to renew a —,* renouveler un —; *exchequer —,* bon du trésor anglais; *treasury —,* bon français; *— of lading, weigh —,* lettre d'envoi, lettre de connaissement.
Bill-book, n. échéancier.
Billiard-table, n. billard.
Bismuth, n. bismuth.
Bitters, n. pl. absinthe.
Black, n. noir; *ebony —,* — d'ébène.
Blank (*credit*), crédit en blanc; *to draw in —,* tirer à découvert.

Blotting-book, n. buvard.
Blouse, n. blouse.
Blue, n. bleu.
Blueing, n. azur.
Board, n. bord; *put on —,* rendu à —.
Boarding, n. cartonnage.
Boat, n. bateau; *life —, —* de sauvetage; *steam —, —* à vapeur.
Bond (*custom*), n. bon, obligation; *in —,* à l'entrepôt; (*finance*), bon, obligation.
Bones, n. pl. fanons; *whale —, —* de baleine.
Book, n. livre; *cash —, —* de caisse; *help —, —* auxiliaire; *cheque —, —* à souche; *pocket —,* porte-feuille; *— keeping,* tenue de livres; *— keeping by double entry,* tenue de livres en partie double; *day —,* brouillon; *note —,* brouillard, carnet.
Book-keeper, m. comptable, teneur de livres.
Bookseller, m. libraire; *— and publisher,* — éditeur.
Boots, n. pl. bottes, chaussure; *double sole —, —* à double semelle; *hessian —,* — à l'écuyère.
Border, n. bordure.
Boss, m. patron, chef de maison.
Bottle, n. bouteille.
Bottomry, n. contrat à la grosse, à la grosse aventure.
Bought, acheté (dans les factures), *doit Mr... Bought of...,* Doit Monsieur ... à...; *— book,* facturier.
Box, n. boîte, étui; *cash —,* coffre, caisse (boîte); *— office,* bureau de location; *strong —,* coffre fort.

Bracelet, n. bracelet.
Braces, n. pl. bretelles pour pantalon.
Braid, n. pass-poil.
Branch-house, n. succursale.
Brandy, n. eau-de-vie.
Brass, n. laiton, cuivre jaune; — *work*, articles de laiton.
Bread-stuffs, n. pl. céréales.
Breakage, n. casse; *free of* —, franc de —.
Brewery, n. brasserie.
Brick, n. brique.
Brilliant, n. brillant.
Brimstone, n. soufre.
Brittle, fragile.
Broker, m. brocanteur, courtier; *bill* —, courtier de change; *stock* —, agent de change; *sworn* —, courtier assermenté.
Brokerage (*commission*), n. courtage.
Bronze, n. bronze.
Brooch, n. broche.
Brush, n. brosse; *clothes* —, — à habits; *hard* —, — à cirer; *hat* —, — à chapeau; *shining* —, — à cirer; *tooth* —, — à dents.
Buckle, n. boucle.
Budget, n. budget.
Bull, m. haussier.
Bullion, n. lingot; *gold* —, — d'or.
Business, n. affaire; — *is very active*, les — sont en pleine activité; *to delay a* —, traîner une — ; *to finish a* —, finir, venir à bout d'une —; *to take care of one's* —, soigner ses — ; *to buy a* —, acheter un fonds; *to leave of* —, se retirer des affaires.

Button, n. bouton; — *hook*, crochet à —.
Buy, acheter; *to* — *in a lump or in block*, — en bloc; *to* — *on credit*, — à crédit; *to* — *second hand*, — d'occasion; *to* — *again*, racheter.
Buyer, m. acheteur, adjudicataire.
Buying, n. achat.
Buy up, to monopolize, accaparer.

C

Calico, n. calicot; *printed* —, indienne, toile peinte.
Cambric, n. batiste; *imitation* —, — de coton; — *muslin*, percale.
Camlot, n. camelot.
Camphor, n. camphre.
Cancel, annuler, biffer, résilier.
Cancelling, n. résiliation.
Candle, n. bougie; *stearic* —, stéarine; *wax* —, bougie de cire.
Cane, n. canne.
Caoutchouc, n. caoutchouc.
Cap, n. bonnet.
Capital, n. capital, fonds social; *floating* —, — flottant; — *lying dead*, — mort; *rolling* —, — roulant; *share of* —, apport, mise; *stock* —, — social; *to put a* — *on interest*, placer un —.
Card, n. carte; — *board*, carton; *playing-cards*, cartes à jouer; *pattern* —, papier d'échantillon; *visiting* —, carte de visite.
Care, n. soins; *to take* — *of the expedition*, soigner l'expédition.

Cargo, n. cargaison; *return* —, — de retour.
Carpet, n. tapis.
Carriage, n. équipage, wagon, voiture.
Carriage, n. roulage, camionnage.
Carriage-bed, n. coupé-lit.
Carrier, m. voiturier, roulier.
Carry, porter, reporter; *to — on*, faire la correspondance; *amount carried forward*, le report.
Case, n. étui, boîte, caisse; *cigar —*, porte-cigare; *pencil —*, porte-crayon; *to pack in a —*; encaisser.
Cash, toucher.
Cash, n. numéraire, argent comptant, espèces; *— down*, argent comptant; *in, for —*, au comptant, en espèces; *— book*, livre de caisse.
Cashier, m. caissier.
Cashmere, n. cachemire.
Cask, n. tonneau, fût, barrique.
Casket, n. écrin.
Cent, n. cent; *per —*, pour —; *the percentage*, le tant pour cent.
Certificate, n. certificat.
Chamber of commerce, tribunal (chambre), de commerce.
Chandelier, n. candélabre.
Charcoal, n. charbon de bois; *animal —*, — animal.
Charge (*price*), noter, marquer, porter au débit de, débiter; *to forward —*, (*reimbursement*), faire suivre (en remboursement).
Charges, n. pl. frais; *shipping —*, — de mise à bord.
Charter, n. fréter.

Charterparty, n. charte partie.
Check, n. chèque; *crossed —*, — barré.
China, n. porcelaine.
Circulation, n. circulation.
Claim, n. réclamation, demande.
Claimant, m. ayant-droit.
Clasp, n. agrafe.
Clear, dédouaner.
Clerk, m. commis; *collecting —*, — aux recettes.
Clock, n. pendule, — *shade*; globe de —.
Clock, n. horloge.
Close (*accounts*), clore (des comptes).
Closing, n. clôture, fermeture.
Cloth, n. drap, toile, étoffe, (tissu de chanvre, de coton, de laine); *— trade*, draperie; *table —*, nappe; *twilled —*, drap croisé; *in —*, en toile, en percaline anglaise.
Clothes, n. pl. habits; *ready made —*, — confectionnés.
Cloth making, n. draperie.
Clove, n. clou de girofle.
Coal, n. charbon (houille); *charcoal*, — de bois.
Coasting trade, n. cabotage.
Cochineal, n. cochenille.
Cocoa-nut, n. cacao.
Cocoon, n. cocon, *twin —*, — double.
Coffee, n. café; *ground —*, — en poudre; *large berried —*, — à gros grains; *small berried —*, — à petits grains.
Colewort, n. colza.
Collection (*banking*), n. encaissement.
Colonial (*system*), colonial (système).

Colour, n. couleur ; *dark* —, foncée ; *this* — *comes off*, cette — se détache.
Comb, n. peigne ; *large toothed* —, démêloir ; *tortoise shell* —, — d'écaille.
Comfits, n. pl. bonbons.
Comforter, n. cache-nez.
Commission, n. commission ; — *agency*, maison de commission.
Commission-agent, m. commissionnaire.
Company, n. société, compagnie ; *joint stock* — *(limited)*, société ou — en commandite.
Competition, n. concurrence.
Composition, n. atermoiement, concordat.
Compromise, n. arrangement.
Condition, n. condition, état ; *in good or bad* —, en bon ou en mauvais —.
Confection, n. confection.
Connexions, n. pl. relations ; *to form* —, se procurer des —.
Consent, n. accord ; *by a mutual* —, d'un commun —.
Consign, consigner.
Consignee, m. consignataire.
Consigner, m. consignateur.
Consignment, n. consignation.
Consols, n. pl. consolidés.
Consul, m. consul.
Consumption, n. consommation.
Contents, n. contenu.
Contract, n. contract, entreprise, convention, adjudication ; *by* —, par adjudication ; *by private* —, de gré à gré, à l'amiable ; *work by* —, ouvrage à forfait.

Contractor, m. adjudicataire.
Control, contrôler.
Convoy, n. convoi.
Copartnership, n. société, compagnie.
Copper, n. cuivre ; —*money*, billon ; — *ware*, chaudronnerie.
Copy, n. relevé.
Coral, n. corail.
Coralline, n. coralline.
Cord, n. ganze ; *cotton* —, — de coton ; *silk* —, — de soie.
Corn, n. blé.
Correspondence, n. correspondance.
Cost, n. prix, coût ; *net* —, prix de revient ; *prime* —, prix coûtant ; — *price*, — coûtant.
Cotton, n. coton ; — *cloth*, cretonne ; *common printed* —, rouennerie ; *picked* —, — épluché ; — *quilting*, — piqué ; *raw* —, — brut ; — *tissue*, tissu de — ; — *yarn*, — fil, fil de coton.
Counterfeit, n. contrefaçon.
Countermand, contremander.
Counting house, n. comptoir, bureau.
Coupon, n. coupon ; *to cut off the* —, détacher le — ; *enjoyment or benefit of the* —, jouissance du —.
Course, n. cours, prix ; *in due* —, en son temps.
Cover, n. couverture, enveloppe.
Crape, n. crêpe.
Cravat, n. cravate.
Credit, créditer.
Credit, n. crédit ; *letter of* —, lettre de — ; *blank* —,

crédit en blanc ; *on* —, à —; *to carry, to place to the* —, porter au —, créditer.
Creditor, m. créancier.
Creditor, n. avoir.
Crier, m. huissier.
Crisis, n. crise.
Crude (*material*), matière première.
Crystal, n. cristal ; *cut* —, —taillé ; *rock*—, — de roche.
Cue, n. queue (de billard).
Cuffs, n. pl. manchettes.
Cultivating, n. exploitation.
Curator, m. curateur.
Curb chain, n. gourmette.
Currency, n. cours, circulation monétaire ; *enforced* —, cours forcé.
Current, courant.
Customer, m. client, chaland.
Custom house, n. douane.
Custom-house officer, m. douanier.
Customs, n. douane.

D

Damage, n. avarie.
Damages, n. pl. dommages et intérêts ; *to pay* —, payer les —.
Dash, n. parafe.
Date, n. date ; *under* — *of,* en — du.
Day, n. jour ; — *of grace,* — de grâce ; — *'s sale,* vacation.
Daybook, n. brouillon, journal.
Days, n. pl. jours ; *at* 6 — *sight,* à 6 — de vue.
Dealer, m. débitant.
Debenture, n. certificat, bon, reconnaissance.

Debit, n. débit ; *to carry, to place to the* —, porter au —.
Debit, débiter.
Debt, n. obéré.
Debt, n. dette ; *floating* —, — flottante ; *consols* —, — consolidée ; *national* —, — nationale ; *to discharge a* —, acquitter une —.
Debtor, m. débiteur.
Decline, dépérir.
Decrease, n. déchet.
Deduct, prélever.
Deduction, n. déduction, remise, réduction, réfaction, escompte ; *with a* —, sous remise ; *all deductions made,* toutes déductions faites.
Defendant, m. défendeur.
Deficiency, n. déficit.
Deficit, n. déficit ; *to cover a* —, combler un —.
Delay, atermoyer.
Delay, n. délai, atermoiement, sursis, retard ; *on the shortest* —, dans le plus bref délai.
Del credere, n. ducroire.
Deliver, délivrer, livrer.
Delivery, n. livraison ; — *of goods,* — de marchandises.
Demand, n. demande ; *in full of all demands,* pour solde de tout compte.
Denounce, dénoncer, déclarer, faire une déclaration.
Department, n. rayon.
Deposit, n. arrhes.
Deposit, n. dépôt.
Depository, m. dépositaire.
Despatch, expédier, envoyer.
Detail, n. détail.
Dimity, n. basin.
Disaster, n, sinistre.
Disbursements, n. débours.

Discharge, n. acquit, décharge (*d'une dette*).
Discount, n. escompte ; *rate of* —, taux d' —.
Discount, escompter, faire l'escompte.
Dishonour, n. refus de payement.
Dissolution, n. dissolution ; — *of partnership,* — de société.
Distribution, n. répartition.
Ditto, n. dito.
Dividend, n. dividende.
Division, n. division, partage.
Dock, n. dock.
Docket, n. dénonciation (*de faillite*).
Dock-yard, n. chantier.
Document, n. titre.
Documents, n. pièces, documents.
Domicile, n. domicile ; *domiciliated bill,* billet à domicile.
Double, double.
Dozen, n. douzaine ; *by the* —, à la —.
Draft, n. appoint ; *to balance a* —, faire l' —.
Draft, n. effet, traite ; *dishonoured* —, traite en souffrance.
Draw, tirer (*une lettre de change*) ; *to* — *in blank,* — à découvert.
Drawback, n. drawback.
Drawee, n. tiré.
Drawer, m. tireur.
Drawers, n. caleçon.
Drawing, n. dessin ; — *with flowers,* — à ramages.
Dress, n. habillement, robe.
Dresser, m. apprêteur.
Dressing gown, n. peignoir.
Druggist, m. droguiste.
Duplicate, double, duplicata ; *done in* —, fait double.
Duties, n. pl. octroi ; *town* —, octroi.
Duty, n. droit ; *ad valorem* —, — ad valorem ; *export* —, — de sortie ; *import* —, — d'entrée, d'importation ; — *paid,* — acquitté.
Dye, teindre.

E

Earnest money, n. arrhes.
Ear-rings, n. boucles d'oreille.
Earthenware, n. poterie.
Edge, n. bord, bordure.
Eiderdown, n. édredon.
Ell, n. aune.
Embargo, n. embargo, saisie.
Embezzlement (*breach of trust*), n. détournement, abus de confiance.
Embroider, broder.
Embroidery, n. broderie.
Emerald, n. émeraude, — *green,* vert d' —.
Emergency, n. force majeure ; *in case of* —, en cas de —.
Enamel, émailler.
Encash, encaisser.
Enclosed, ci-inclus.
Enclosure, n. clôture.
End, n. fin.
Endorse, endosser ; *to* — *a bill,* — un billet.
Endorsement, n. endossement, aval ; — *in blank,* endossement en blanc.
Endorser, m. donneur d'aval.
Engagement, n. engagement ; *written* —, — par écrit ; *to honour one's engagements,* faire honneur à ses —.

Engine, n. machine; *steam* —, — à vapeur.
Enter, porter; *to — in the day-book*, enregistrer au journal.
Entrepot, n. entrepôt.
Entry, n. déclaration (*à la douane*).
Envelope, n. enveloppe.
Erase, biffer.
Errors excepted, sauf erreurs ou omission, S. E. ou O.
Essay, n. essai.
Establish, établir.
Establishment, n. maison, établissement; *expenses of—*, frais d'établissement.
Estate (*property*), n. biens, terres, propriété; *personal—*, biens mobiliers.
Estimate, n. devis.
Estimate, estimer.
Examiner, m. vérificateur.
Exchange, n. bourse, agio, change; *bill of —*, lettre de change; *closing of the —*, clôture de la bourse; *at the rate of—*, au change de —; *— at par*, change au pair; *— above par*, — au-dessus du pair.
Excise-office, n. régie.
Expenditure, n. dépenses.
Expenses, n. pl. frais, dépenses; *small —*, faux —; *free of expense*, franco; *all — deducted*, tous frais déduits; *installation —*, — d'installation; *— not included*, non compris les —.
Expiration, n. échéance, expiration.
Export, n. sortie.
Export, exporter.
Exportation, n. exportation, sortie.

Expropriation, n. expropriation; *forced —*, — forcée.
Extent, n. étendue; *to the — of*, jusqu'à concurrence de.
Extinction, n. amortissement, extinction.
Extract, n. extrait; *— of account*, — de compte.
Eye-glass, n. lorgnon; *eye-glasses*, pince-nez.

F

Fabric, n. tissu.
Facilities, n. pl. facilités.
Factor, m. facteur, agent.
Factory, n. fabrique.
Fail, faire faillite, déposer son bilan.
Failure, n. faillite.
Fair, n. foire.
Fall due, échoir.
Fan, n. éventail.
Fashion, n. mode; *last —*, dernière —.
Feather, n. plume d'oiseau; *ostrich —*, — d'autruche.
Fees, n. pl. honoraires.
Felt, n. feutre.
Ferret, n. filoselle.
Filbert, n. aveline.
Filigree, n. filigrane.
Fine, n. fin; *super —*, surfin; *extra —*, extra —.
Fine, n. amende.
Finisher, m. apprêteur.
Fins, n. pl. fanons de baleine.
Firm (*house*), n. maison de commerce, raison sociale; *member of a —*, associé d'une maison; *signature of a —*, signature sociale; *under the — of*, sous la raison de.
Fish-hook, n. hameçon.

Fitout, armer (*un navire*).
Fixture, n. agencement.
Flannel, n. flanelle.
Flavour, n. bouquet (*du vin*).
Flax, n. lin; *raw* —; — brut.
Floret, n. filoselle.
Floss, n. filoselle.
Flower, n. fleur; *artificial* —, — artificielle.
Follow, suivre.
Foreign, étranger; —*goods*, marchandise étrangère.
Foreman, m. contre-maître.
Forestall, accaparer.
Forfeit, n. dédit; *on payment of* —, moyennant —.
Forgery, n. faux; *to commit a* —, commettre un —.
Form, n. moule.
Forward, envoyer, expédier.
Fragile, n. fragile.
Free, sans frais.
Freight, affréter.
Freight, n. fret.
Freighting, n. affrétement.
Friend, m. correspondant.
Fringe, n. crépine.
Funds, n. pl. fonds, capitaux; *public* —, fonds publics; *to provide* — *for*, faire les fonds; *to raise* —, trouver, procurer les —; *sinking* —, caisse d'amortissement.
Funds(*property*), n. pl. biens.
Fur merchant, m. pelletier.
Furniture, n. ameublement.
Fur, n. fourrure.
Fustian, n. futaine.

G

Gain, n. bénéfice.
Garble, n. rebut.
Garnet, n. grenat.
Gauge, n. jauge; *short* —, différence en moins sur la jauge; *gauging-rod*, manomètre.
Gauger, m. jaugeur.
Gauze, n. gaze.
Gem, n. pierre précieuse, fine; *artificial* —, fausse pierre, pierre artificielle.
Gin, n. genièvre.
Ginger, n. gingembre.
Give, donner; *to*—*a patent*, breveter; *to* — *up business*, se retirer des affaires; *to* — *in trust*, — en gage; *to* — *protection*, accepter, accueillir une traite.
Glass, n. verre; *binocular* —, binocle; *convex* —, verre bombé; *eye glasses*, lunettes; *opera* —, jumelle.
Glass-making, n. verrerie; — *manufactory*, (*fabrique*), verrerie; — *ware*, verroterie.
Gloves, n. pl. gants; *kid* —, — de chevreau; *thread* —, — de fil; *silk* —, — de soie.
Glue, n. colle forte.
Go, aller; *to* — *there and back*, — et retour; *to* — *off*, écouler.
Gold, n. or; — *in bar*, — en barre; *dead* —, — mat.
Goldsmith, m. orfèvre.
Good, bon; *to make* —, bonifier.
Goods, n. pl. marchandises, *fancy* —, objets de fantaisie; *waste* —, — de rebut; *mercantable* —, — recevables; *heavy* —, —encombrantes; *remainder of* —, solde de —.
Gown, n. robe.
Gratuity, n. gratification.
Grocer, m. épicier.

Gross, brut ; — *weight,* poids —.
Gross, n. masse, grosse (12 douzaines); *in the*—, à forfait.
Guano, n. guano.
Guarantee, n. garant ; *to warrant* —, se porter —.
Guaranty, n. garantie, garant ; *sum paid as* —, cautionnement.
Guidance, n. gouverne ; *for your* —, pour votre —.
Guimp, n. brandebourg.
Guipure, n. guipure.
Gum, n. gomme.
Gun, n. fusil ; *needle* —, — à aiguille.
Gutta-percha, n. gutta-percha.

H

Haberdasher, m. mercier.
Haberdashery, n. mercerie.
Hair, n. poil.
Half year, n. semestre.
Ham, n. jambon.
Hand, n. main ; *in* —, en caisse, en portefeuille ; *on* —, en magasin ; *second* —, d'occasion.
Hand, remettre, transmettre, passer.
Handkerchief, n. mouchoir ; *silk* —, foulard ; *embroidered* —, — brodé ; *open worked* —, — à jour'.
Handsel, n. étrenne.
Handsel, étrenner.
Harbour, n. port ; — *dues,* — dû ; — *free,* — franco.
Hardware, n. quincaille.
Hat, n. chapeau ; *broad brimmed* —, — à larges bords ; *felt* —, — de feutre ; *Leghorn* —, — de paille d'Italie ; *narrow brimmed* —, — à petits bords ; *straw* —, — de paille.
Have, avoir.
Hawker, m. colporteur.
Hem, n. ourlet ; *open work* —, — à jour.
Hemp, n. chanvre.
High (*price*), élevé (prix).
Hire, louer ; *I want to* — *a horse,* je veux — un cheval.
Hogshead, n. barrique.
Holder, m. détenteur.
Honour (*exchange*), n. honneur, accueil ; *to* — *the signature,* faire honneur à la signature ; *due* —, bon accueil ; *to interfere for* —, intervenir pour l'honneur de la signature.
Hook, n. agrafe, crochet ; *button* —, — à bouton ; *fish* —, hameçon.
Hop, n. houblon.
Horn, n. corne.
Hosiery, n. bonneterie.
House, n. maison ; *counting* —, bureau ; — *of first rate respectability,* — de premier ordre.
Household (*articles*), articles de ménage.
Huckaback, n. toile ouvrée.

I

Imitation, n. contrefaçon.
Importation, n. importation.
Imports, n. importation.
Inch, n. pouce (mesure de longueur de centim. 2,5399).
Income, n. rente ; *life interest* —, — viagère.
Increase, n. augmentation.
Indemnify, indemniser, désintéresser.
Indemnity, n. dédommagement.

India-rubber, n. gomme élastique.
Informations, n. pl. renseignements.
Inlaidwork, n. marqueterie.
Inquiries, n. pl. renseignements.
Insolvency, n. insolvabilité.
Insolvent, n. insolvable.
Instant, courant ; *the tenth —, le dix —.*
Insurance, n. assurance ; *fire —, —* contre l'incendie ; *premium of —,* prime d' —.
Intercept, intercepter.
Interest, n. intérêt ; *compound —, —* composé ; *to give an — in, to give a share in,* intéresser.
Interpreter, m. interprète.
Intervention (*by*), par intervention.
Inventory, n. inventaire ; *to make an —,* inventorier.
Invoice, n. envoi, facture.
Invoice, facturer.
Iron, n. fer ; *bar —, —* en barres ; *cast —,* fonte de — ; *old —,* ferraille ; *sheet —,* tôle.
Iron-monger, m. quincaillier.
Ivory, n. ivoire.

J

Jacconet, n. jaconas.
Japan-wares, n. pl. objets en laque.
Jasper, n. jaspe.
Jet, n. jais.
Jewel, n. bijou.
Jewel box, n. écrin.
Jeweller, m. bijoutier.
Jewellery, n. parure, joaillerie.
Jobber, m. boursier.
Jury, n. jury.

K

Kaolin, n. kaolin.
Keel, n. quille (de navire).
Keep, tenir ; *to — one's promise, —* sa promesse.
Kermes, n. kermes.
Kerseymere, n. casimir.
Kid, n. chevreau.
Kilogramme, n. kilogramme.
Kilometre, n. kilomètre.
Kite, n. billet de complaisance.
Knife, n. couteau.
Knit-work, n. tricot,
Knock-down, adjuger.
Knot, n. nœud.

L

L (*pound*), n. livre sterling.
Label, n. étiquette.
Labor, n. travail ; *hand —,* main d'œuvre.
Lace, n. dentelle ; *Brussels —, —* de Bruxelles ; *cotton —, —* anglaise ; — *factory,* fabrique de —.
Lace-manufacture, n. passementerie.
Lading, n. chargement.
Lamp, n. lampe.
Landing, n. déchargement
Lawn, n. linon.
Lawyer, m. avocat, avoué.
Leak, n. coulage.
Leakage, n. coulage ; *free from —,* franc de —.
Lease, n. bail ; *to cancel the —,* résilier le —.
Leather, n. cuir ; *tanned —, —* tanné ; *patent —, —* verni ; *Russian —, —* de Russie.
Legalize, légaliser.
Legalizing, n. légalisation.
Letter, n. lettre ; — *of advice, —* d'avis ; — *of attorney,*

procuration; — *of credit,* — de crédit ; — *of exchange,* — de change ; *prepaid* —, — affranchie ; *registered* —, — chargée; *unpaid* —, — non affranchie ; *patent letters*, brevet d'invention.

Liable, responsable.
Liberate, libérer, délivrer.
License, n. licence.
Life interest, n. rente viagère.
Light-house, n. phare.
Linen, n. toile, cretonne, linge ; *bed* —, toile pour draps de lit ; *damasked* —, linge damassé ; — *draper*, marchand de nouveauté ; *hemp* —, toile de chanvre.
Linen glass, n. compte-fils.
Lining, n. doublure.
Linseed, n. graine de lin.
Liquidation, n. liquidation.
Liquidator, m. liquidateur.
Liquorice, n. réglisse.
List, n. aperçu, liste.
Litigation, n. contestation, litige.
Load, n. charge.
Loadstone, n. aimant.
Loan, n. prêt, emprunt ; *to raise a* —, faire, contracter un emprunt.
Lodgment, n. dépôt.
Logwood, n. bois de campêche.
Loss, n. perte ; *at a* —, avec —; *to screen from* —, garantir de —.
Lot, n. lot ; *in lots,* par parties.
Low, n. bas ; — *priced,* à — prix.
Luggage, n. bagage.
Lump, n. masse, bloc ; *by the* —, à forfait.

M

Madapolam, n. madapolam.
Madder, n. garance.
Magazine, n. magasin.
Magnet, n. aimant.
Mahogany, n. acajou.
Making, n. confection.
Management, n. administration, gestion.
Manager, m. gérant, administrateur, directeur.
Managing clerk, m. premier commis.
Manna, n. manne.
Mantle, n. mantille.
Manufactory, n. usine, fabrique.
Marble, n. marbre.
Mark, n. marque; *trade* —, — de fabrique.
Marked, rubané.
Market, n. marché ; *full* —, — encombré.
Marocco, n. maroquin.
Matched, n. assorti.
Matches, n. pl. allumettes.
Maturity, n. échéance.
Maximum, n. maximum.
Medium, n. intermédiaire ; *through the* — *of,* par l'entremise de —.
Meeting, n. assemblée ; — *of creditors,* —des créanciers.
Memorandum, n. bordereau, agenda, carnet.
Merchant, m. marchand ; *retail* —, — en détail; *wholesale* —, — en gros; — *navy,* marine marchande.
Minium, n. minium.
Mistake, n. faute d'écriture.
Molasses, n. pl. mélasses.
Money, n. argent, monnaie ; *even* —, compte rond; *for* —, au comptant; — *agent,* ban-

quier ; — *changer*, changeur ;
— *lender*, bailleur de fonds ;
— *order* (*Post Office*), mandat sur la poste ; *ready* —, — comptant.
Monopoly, n. monopole.
Mortgage, n. hypothèque.
Mortgagee, m. hypothécaire.
Mould, n. moule.
Mounting, n. monture.
M^r (*mister*), m. monsieur.
Muff, n. manchon.
Musk, n. musc.
Muslin, n. mousseline ; — *for furniture*, — pour meubles ; *sewed* —, — brodée.

N

Nail, n. clou.
Nap, lainer.
Neckerchief, n. fichu, cache-nez.
Necktie, n. cravate.
Need, n. besoin ; *in case of* — *at* M^r ; au — chez M^r ; — *ful*, nécessaire ; *to do the needful*, soigner, faire le nécessaire.
Needle, n. aiguille ; *darning* —, — à repriser ; *embroidering* —, — à broder ; *hand* —, — pour montre ; *knitting* —, — à tricoter ; *sewing* —, — à coudre.
Net, n. net ; — *weight*, poids —.
New-draft (*exchange*), n. retraite.
Next, n. prochain.
Non-payment, non-payement.
Note, n. facture, mémoire, bordereau, billet ; — *book*, brouillard ; — *of hand*, billet à ordre.

Note, noter ; *to* — *down*, enregistrer.
Number, numéroter.
Nutmeg, n. noix muscade.

O

Oak, n. chêne ; — *bark*, tan ; — *timber*, bois de —.
Oakum, n. étoupe.
Oats, n. avoine.
Obligation, n. obligation.
Off, à déduire.
Offer, n. offre ; *to close with an* —, s'en tenir à une — ; *to make an* —, faire une —.
Office, n. bureau, cabinet, charge ; *box* —, bureau de location ; *post* —, poste (*aux lettres*).
Official assignee, m. juge commissaire.
Oil, n. huile ; *cod liver* —, — de foie de morue ; *caster* —, — de ricin ; *linseed* —, — de lin ; *nut* —, — de noix ; *sweet* —, — d'amande douce ; *whale* —, — de baleine ; *train* —, — de poisson ; *olive* —, — d'olives.
Oil-broker, m. courtier pour les huiles.
Oil-cloth, n. toile cirée.
Ointment, n. onguent.
Oleine, n. oléine.
Olibanum, n. encens.
Olive, n. olive.
Onyx, n. onyx.
Open, ouvert, à jour, à claire-voie ; — *work*, ouvrage à jour.
Open, ouvrir ; — *an account*, — un compte ; — *an account with*, — un compte chez.
Opening, n. débouché (*marché*) ; — *and examining*, (*douanes*) manutention.

Opera glass, n. lorgnette.
Operations, n. pl. opérations ; *stock* —, ordres de bourse.
Opium, n. opium.
Opportunity, n. occasion ; *by the first* —, à la première —.
Orange, n. orange ; *box, chest of oranges,* caisse d'oranges.
Order, n. commande, ordre, demande ; *by* — *and for account of,* d' — et pour compte de ; *to cancel an* —, annuler un — ; *to* —, sur commande ; *post office* —, mandat de poste ; *to induce anyone to give orders,* provoquer des ordres ; *till further orders,* jusqu'à nouvel ordre.
Order, commander, demander.
Order-book, n. livre de commande.
Ore, n. minerai.
Organzine, n. organsin.
Origin, n. origine, provenance ; *certificate of* —, certificat d' — ; *without distinction of* —, de toute provenance.
Ornament, n. garniture.
Ornaments, n. pl. ornements.
Orris-root, n. racine d'iris ; *orris powder,* poudre d'iris.
Ostrich, n. autruche ; — *feather,* plume d' —.
Otto, n. essence de rose.
Out (*to be out of*), manquer de ; *out of fashion,* démodé.
Outbid, enchérir.
Out bidder, m. enchérisseur ; *to the highest* —, au plus offrant et dernier —.

Outfit, n. armement, équipement, trousseau.
Outfitter, m. confectionneur.
Outport. n. port éloigné.
Outstanding, en suspens. courant.
Over, à reporter.
Overcharge, surfaire.
Overcoat, n. pardessus.
Overdrawn, à découvert.
Overplus. n. excédant.
Overstock, encombrer.
Overweight, n. surplus (*poids*).
Owner, m. propriétaire ; *shipowner,* armateur.

P

Pack, empaqueter.
Package, n. colis, ballot.
Pack-cloth, n. toile d'emballage.
Packer, m. emballeur.
Packet, n. paquebot.
Packing, n. emballage.
Packthread, n. ficelle.
Pact, n. pacte.
Paid, n. payé, acquitté, pour acquit.
Pd (*paid*), pour acquit.
Paints (*oil*), n. pl. couleurs à l'huile.
Pamphlet, n. brochure.
Paper, n. papier ; *accommodation* —, billet de complaisance ; *blotting* —, papier buvard ; *commercial* —, effet de commerce ; *painted* —, papier peint ; *letter* —, — à lettre ; *ream of* —, rame de — ; *smoking* —, — à cigarette ; *sand* —, — de verre ; *stamped* —, — timbré ; *tracing* —, — à calquer.
Par, n. pair ; *the exchange*

is at —, le change est au —; *above, under* —, au dessus, au dessous du —.
Parasol, n. ombrelle.
Parcel, n. paquet.
Part, n. livraison; *in parts*, par livraison.
Participation, n. participation.
Partner, m. sociétaire, associé; *sleeping* —, associé commanditaire.
Partnership, n. association, société, compagnie; *deed of* —, acte de société; *to enter into — with any one*, s'associer avec quelqu'un; *active and sleeping* —; société en commandite.
Pass, n. permis; *free* —, — de sortie.
Pass, passer; *to enter a* —, — écriture.
Pass-book, n. carnet de banque, carnet.
Passive, n. passif.
Patent (*letters*), n. brevet d'invention; — *right*, droit de —; *to give a* —, breveter.
Patented (*chose*), n. brevelé.
Patentee (*personne*), m. breveté.
Patent-office, n. bureau de brevets (*d'invention, etc.*).
Pattern, n. échantillon; — *book*, livre d'échantillon; — *card*, carte d'échantillons.
Pay, payer, acquitter, solder; *to — well*, rapporter; *to —in cash*, payer au comptant.
Payment, n. paiement, versement, recouvrement; *to suspend, to take up one's*, — *s* suspendre, reprendre ses paiements; *after* —, contre remboursement.

Pearl, n. perle; *mother of* —, nacre.
Pedlar, m. colporteur.
Pelisse, n. pelisse.
Pen, n. plume; *steel* —, — *d'acier*; — *holder*, porte —.
Penny, pence, n. (*monnaie de cuivre, de la valeur de dix centimes*).
Pension, n. retaite.
Pepper, n. poivre.
Per, par; *as* —, suivant; — *annum*, — an.
Percentage, tant pour cent; *courtage*, droit de tant pour cent.
Permit, n. acquit à caution.
Petroleum, n. petrole.
Petties, n. pl. menus frais.
Pewter, n. étain.
Piano, n. piano; *large* —, — à queue; *upright* —, — droit.
Piece, n. pièce; — *of cloth*, — de drap.
Pimento, n. piment.
Pin, n. épingle.
Pistachio, n. pistache.
Pistol, n. pistolet.
Pitch, n. brai.
Place, n. place; *on the* —, sur —.
Place, n. placement.
Place, placer; *to — to the debit*, débiter, porter au débit.
Plaintiff, m. demandeur.
Plaster, n. plâtre.
Plate, n. plat, vaisselle, assiette; *cake* —, assiette à gâteaux; *soup* —, — creuse.
Plush, n. péluche.
Point, pointer; *to — the goods*, — les articles.
Policy (*of insurance*), n. police (*d'assurance*).
Porter, m. garçon de bu-

reau, de magasin; *bank —,* — de banque.
Porterage, n. factage.
Portion, n. portion.
Possession, n. jouissance.
Post, n. poste; *— man,* facteur; *— office,* la *—; — free,* franco; *postage stamp,* timbre —; *— office order,* mandat de —.
Post, n. poste, courrier; *by next —,* par le prochain courrier; *by return of —,* par le retour du —.
Poste restante (*or till called for*), poste restante.
Pottery, n. poterie.
Pouch, n. blague; *tobacco* —, — à tabac.
Pound, n. livre (*poids de grammes* 453, t 592645); livre sterling (*monnaie de compte de* 25 *francs*); 5 *shillings in the pound,* 25 °/₀; *half a crown in the pound,* 12 °/₀.
Powder, n. poudre.
Power, n. pouvoir; *— of attorney,* fondé de — s, procuration; *full powers,* pleins pouvoirs.
Prejudice, n. préjudice.
Premium, n. prime.
Prepay, affranchir.
Prepayment (*of postage*), affranchissement.
Prescription, n. prescription.
Price. n. prix; *buying —,* — d'achat; *cost —, —* coûtant; *current —, —* courant; *at any —,* à tout —; *at the quoted —,* au — côté; *closing —,* dernier cours.
Principal, m. chef de maison.
Print, n. impression, estampe, gravure.

Print, imprimer.
Printer, m. imprimeur.
Printing, n. impression.
Proceeds, n. pl. produit; *net —, —* net.
Profit, n. bénéfice; *gross —, —* brut; *— and loss, —* et pertes; *to make a — on,* bénéficier.
Profit, profiter; *— by,* bénéficier.
Prompt-day, n. jour de payement.
Property, n. propriété, biens; *landed—,* biens-fonds.
Proportion, n. proportion; *in — to,* prorata.
Prosecute, poursuivre un procès.
Prospectus, n. prospectus.
Protect, protéger; *to — a bill of exchange,* accueillir, accepter une traite.
Protest, n. protêt; *protesting charges,* frais de —.
Protract, prolonger, trainer; *to — an affair, a lawsuit, —,* — une affaire, un procès.
Provisa, n. clause (*conditionnelle*).
Provision, n. provision.
Provision-dealer, m. marchand de comestibles.
Provisions, n. pl. denrées.
Purchase, n. achat; *—payable at so many days, —* à terme.
Purchase, acheter; *— in a lump, —* en bloc; *— on credit, —* à crédit.
Purchaser, m. acheteur.
Purveyor, m. fournisseur.

Q

Quarantine, n. quarantaine; *— dues,* droits de —.

Quart, n. quart (mesure de capacité de litre 1,1359).
Quarter, n. trimestre.
Quicksilver, n. mercure.
Quilt, n. couvre-pieds.
Quilting, n. basin piqué.
Quinine, n. quinine.
Quinquina, n. quinquina.
Quire, n. main de papier.
Quotation, n. cote.
Quote, n. coter.

R

Rabbit, n. lapin; — *skin*, peau de —.
Racking, n. soutirage.
Rags, n. pl. chiffons, drilles; *woollen* —, — de laine.
Range (*of prices*), mouvement des prix.
Rate, n. taux.
Rate, n. raison; *at the — of*, à — de.
Raw, écru, grége; — *materials*, matières premières.
Realisation, n. réalisation.
Ream, n. rame (*de papier*).
Receipt, n. reçu, récépissé, réception, quittance, pour acquit; *acknowledgement of —*, accusé de réception; — *in full of all demands*, quittance pour solde de tout compte; *on — of*, au — de.
Receipt, acquitter.
Receive, recevoir, toucher; *to — goods*, prendre livraison.
Reception, n. réception.
Recommandation, n. récommandation.
Recourse, n. recours; *to have one's — against*, avoir son — sur; *to lose one's — against*, perdre son —; *to have — to law*, avoir — à la loi.

Recoverable, recouvrable.
Redeem (*finance*), racheter, rembourser; *to — an annuity*, racheter une rente.
Redeeming, n. rachat.
Redemption, n. retrait.
Redraft, n. retraite (*nouvelle traite en acquit d'un effet protesté, y compris les frais*); *proforma —*, — simulée.
Re-establishment, n. réhabilitation.
Reference, n. information, référence.
Reference, m. personne chez laquelle on peut prendre des renseignements; *to give references*, donner les noms de personnes chez lesquelles on peut prendre des renseignements.
Referring, n. renvoi.
Refinery, n. raffinerie.
Refund, rembourser; *to be refunded for*, être remboursé de, rentrer dans.
Refusal, n. refus.
Refuse, n. rebut.
Refuse (*the acceptance*), refuser l'acceptation.
Register, charger une lettre.
Registered, enrégistré.
Registering, n. enregistrement.
Regularity, n. régularité; *for the sake of —* pour plus de —.
Reimburse, rembourser.
Reimbursement, n. remboursement.
Remainder, n. restant.
Remittance, n. remise; — *in full*, par appoint; *to make a —*, faire une —.
Remnant, n. coupon de drap.

Renew, renouveler (*un billet*).
Rent, n. loyer.
Renunciation, n. renonciation.
Repairing (*navire*), n. réparations, conditionnement.
Repay, rembourser ; *to — oneself,* se rembourser.
Repayment, n. remboursement.
Report, n. compte rendu.
Request (*in*), en demande ; *to be in great —,* être fort demandé, recherché.
Request, demander.
Respects, n. lettre (*se dit en parlant de sa propre lettre*); *to confirm one's —,* confirmer sa — ; *to refer to one's —,* se référer à sa —.
Responsible, n. responsable ; *mutually —,* solidaire ; *all —,* solidairement.
Rest, (*banque*), réserve.
Retail, n. détail.
Retail, débiter.
Retailer, m. débitant.
Retrench, retrancher.
Return, n. retour ; *by — of post,* par — du courrier.
Return, n. rapport, retour, rentrée ; *on —,* en dépôt, en commission.
Returns, n. pl. rentrées.
Reversible, n. reversible.
Ribbon, n. ruban.
Rice, n. riz.
Ring, n. bague.
Rise, n. hausse ; *on the —, en —.*
Risk, n. risque ; *at one's —,* à ses risques et périls ; *against all —,* contre tout —.
Roll, n. rouleau.
Rough draught, n. brouillon.

Round, n. rond ; — *sum,* compte —.
Ruby, n. rubis.
Rye, n. seigle ; — *meal,* farine de —.

S

Sable, n. martre, zibelline.
Saddlery, n. articles de sellerie.
Sail, n. voile ; — *cloth,* toile à —.
Safe, n. coffre fort.
Saffron, n. safran.
Salary, n. appointements.
Sale, n. vente, placement, débit ; — *by auction,* vente aux enchères ; *on —,* en vente ; *to put up for —,* mettre en vente ; *to close a —,* clore une vente ; *chance —,* vente d'occasion ; *deed of —,* contrat de vente ; *to meet with a ready —,* être de vente facile.
Salesman, m. facteur, agent.
Salt, n. sel ; *epsom salts,* sel anglais ; *fine —, — blanc ; — cellar,* salière.
Salt-meat, n. salaisons.
Salvage, n. sauvetage ; — *rights,* droits de —.
Sample, n. échantillon ; *to draw samples,* échantillonner.
Sample, échantillonner.
Sapphire, n. saphire.
Sarsaparilla, n. salsepareille.
Satin, satiner (*une étoffe*).
Scales, n. pl. balance ; *on a large scale,* sur une grande échelle.
Scarce, rare.
Shift (*chemise*), n. chemise de femme.
Screw, n. vis ; *cork —,* tire-

bouchon ; — *driver*, tournevis ; — *nut*, écrou.

Scrip, n. récepissé, promesse d'actions.

Sea, n. mer ; — *worthy*, en bon état de navigation ; — *risks*, périls et fortunes de la mer.

Seal, n. cache.

Seals, n. pl. scellés ; *to affix the* — *on*, apposer les — ; *to take off the* —, lever les — ; *under seal*, sous plomb.

Seal, cacheter.

Season, n. saison ; *dull* —, morte —.

Security, n. nantissement, caution ; *to give* —, donner garantie.

Seeds, n. pl. graines.

Seize, saisir.

Seizure, n. saisie.

Select, n. choisi ; *a* — *collection*, une collection choisie ; — *goods*, denrées choisies.

Selection, n. choix ; *to make a* —, faire un —.

Seller, m. vendeur.

Sell, vendre, placer ; *to* — *in block*, — en bloc ; *to* — *in retail*, — en détail ; *to* — *off*, liquider ; — *wholesale*, — en gros ; *to* — *per sample*, — sur échantillon.

Send, envoyer, expédier, adresser.

Senior, m. chef de maison.

Sentence, n. jugement.

Sequestration, n. séquestration, saisie.

Service, n. service ; *table* —, — de table ; *tender of one's* —, offres de —.

Set, n. assortiment.

Set, affiler.

Settle, régler ; *to* — *an account*, — un compte.

Settlement, n. règlement.

Shade, n. abat-jour.

Shagreen, n. peau de chagrin.

Shape, n. modèle, forme.

Share, n. partie ; *double* —, — double ; *single* —, — simple.

Share, n. action, obligation, partage ; — *holder*, détenteur d' — ; — *of capital*, apport ; *transferable* —, action au porteur ; *paid up* —, action libérée ; *to give a* —, donner un intérêt, intéresser.

Share-holder, m. sociétaire.

Shawl, n. châle.

Sheath, n. étui, fourreau.

Sheet-iron, n. tôle.

Shilling, n. schelling (*monnaie anglaise de la valeur de 1 fr. 25 cent*).

Ship, n. vaisseau ; *merchant* —, — marchand ; — *wright*, constructeur de navire.

Ship, charger, embarquer, charger un navire.

Shipment, n. chargement.

Ship-owner, m. armateur.

Shipping, n. chargement ; — *charges*, frais de mise à bord.

Shipwreck, n. naufrage.

Shoes, n. pl. chaussure.

Shop, n. magasin, boutique ; *work* —, atelier ; — *boy*, jeune commis de — ; *to open* —, ouvrir — ; *to shut up* —, fermer —.

Shop-keeper, m. boutiquier.

Show, montrer ; *on* —, en montre.

Signature, n. signature.

Signer, m. signataire.

Sight, n. vue; *4 days after* —, à 5 jours de —.
Silk, n. soie; *embroidering* —, — à broder; *waste* —, déchets de —; *raw* —, — grège, crue; *wrought* —, — ouvrée, travaillée; *a skein of* —, un écheveau de —.
Silk, n. filoselle.
Silkmercer, m. marchand de soieries.
Silver, n. argent (*métal*).
Silver over, argenter.
Silver plate, argenterie.
Sink, n. couler bas.
Situation, n. place, état, emploi.
Skates, n. patins.
Skein, n. écheveau.
Sketch, n. aperçu, devis.
Skin, n. peau; *tanned* —, — tannée; *lamb* —, — d'agneau; *goat* —, — de chèvre; *fox* —, — de renard; *sheep* —, — de mouton.
Skinner, m. peaussier.
Slate, n. ardoise.
Sleeping partner, m. bailleur (*de fonds*), commanditaire.
Sleeping-waggon, coupé-lit.
Small cask, n. futaille.
Small stock, n. pacotille.
Smock-frock, n. blouse.
Soap, n. savon; *almond* —, — d'amande; *honey* —, — de miel; *perfumed* —, — parfumé; *soft* —, — noir.
Sollicitor, m. avoué, avocat.
Solvency, n. solvabilité.
Solvent, solvable.
Sort, n. genre, espèce.
Sort, assortir, classer, trier.
Specie, n. numéraire.
Species, n. espèces.
Specimen, n. échantillon, spécimen.

Spectacles, n. lunettes.
Speculate, spéculer; *to* — *in stocks*, jouer à la bourse.
Speculation, n. spéculation.
Spices, n. pl. épices.
Spinning mill, n. filature.
Spirits, n. pl. spiritueux.
Spoon, n. cuiller; *coffee*, *tea* —, — à café, à thé.
Stall, n. étalage.
Stamp, n. estampille.
Stamp, n. timbre; *dry* — — à sec; — *duty*, droit de —; *postage*, — poste.
Stand, n. support; — *for account*, rester pour compte; *business is at a* —; les affaires sont suspendues.
Starch, n. amidon.
State, n. état.
Station, n. gare.
Stationery, n. papeterie.
Steel, n. acier; *damascus* —, — damassé; *cast* —, — fondu.
Stick, n. canne.
Stock, n. capital, fonds, provisions, marchandises; — *on hand*, marchandises en magasin; — *book*, magasinier; *stocks*, actions, rentes, fonds publics; *to take* —, faire l'inventaire.
Stock-broker, m. agent de change.
Stock holder, m. actionnaire, rentier.
Stocking, n. bas; *open work* —, — à jour; *woollen* —, — de laine.
Stocking-web, n. tricot.
Stock-jobbing, n. agiotage.
Stone, n. pierre; *sharpening* —, — à aiguiser.
Stop, n. arrêt.
Stop, arrêter, suspendre les payements.

Stoppage, n. suspension des payements.
Straw, n. paille; — *plaits,* — en tresse.
Strike, n. grève d'ouvriers, faire grève.
Stuff, n. étoffe.
Subscribe, s'abonner.
Subscriber, m. abonné.
Subscription, n. souscription.
Sugar, n. sucre; *beet-root* —, — de betterave ; — *candy,* — candi ; *loaf, lump* —, — en pains.
Sum, n. montant.
Sumac, n. sumac.
Summons, n. assignation, sommation.
Superfine, n. superfin.
Surplus (*sum*), n. excédant, surplus.
Suspension (*of payments*), n. cessation de payements.
Sworn, assermenté; — *broker,* courtier —.
Syndic, m. syndic; *provisory* —, — provisoire.

T

Table, n. table; *writing* —, bureau; — *cover,* tapis de —; *dressing* —, toilette.
Take, prendre; *to* — *goods on board,* embarquer.
Tallow, n. suif.
Tape, n. ruban, lacet.
Tapestry, n. tapisserie.
Tar, n. goudron.
Tare, n. tare.
Tariff, n. tarif.
Tartar, n. tartre; *cream of* —, crème de —.
Tax, n. impôt; *income* —, — sur le revenu.
Tea, n. thé.

Teeth, n. pl. dents; *elephant's* —, — d'éléphants.
Telegram, n. télégramme dépêche.
Tenant, m. usufructuaire.
Term, n. terme.
Terminus, n. gare.
Terms, n. conditions; *to come to* —, transiger.
Thread, n. fil ; *raw, unbleached* —, — écru.
Tick, ticken, ticking, n. coutil.
Ticket, n. étiquette.
Timber, n. bois de construction; *white* —, — blanc ; — *yard,* chantier.
Time, n. heure; *in good* —, en temps utile ; — *keeper,* chronomètre, montre marine.
Time-bargain, n. marché à terme ; *as a* —, à découvert.
Tin, n. fer blanc, étain; — *foil,* étain pour glace.
Tissue, n. tissu ; — *paper,* papier de soie; *water proof* —, — imperméable.
Titular, m. titulaire.
Tobacco, n. tabac; — *pouch,* blague à —; *smoking* —, — à fumer ; *snuff,* — à priser.
Tonnage, n. tonnage.
Tool, n. outil.
Tortoise-shell, n. écaille (*tortue*).
Total, n. montant.
Town-agent, m. placier.
Toy, n. bimbelot.
Toy-trade, n. bimbeloterie.
Trade, n. commerce; — *allowance,* réduction; *coasting* —, cabotage ; *free* —, libre échange; *retail* —, commerce en détail; *wholesale* —, commerce de gros.
Train, n. train, convoi ;

express —, — direct, express;
fast —, — grande vitesse;
goods —, — de marchandises.
Transaction, n. transaction.
Transfer, céder, transférer, transporter
Transit, l.. transit; — *duty,* droit de —; *free* —, libre —.
Transmit, transmettre.
Traveller, m. voyageur; *commercial* —, commis —.
Tret, n. réfaction.
Trial, n. essai; *to take on* —, prendre à —.
Trimming, n. passementerie.
Trinket, n. bijou.
Truck, n. camion (*voiture*).
Trunk, n. coffre.
Trustee, m. administrateur, curateur, syndic d'une faillite, dépositaire.
Tulle, n. tulle; *striped* —, — à raies; *silk* —, — de soie; *plain* —, — uni.
Tun, n. tonne.
Turf, n. tourbe.
Twine, n. ficelle.
Twofold, double.
Types (*imprimerie*), n. caractères.

U

Ultimo, du mois dernier.
Umbrella, n. parapluie.
Unaccounted for, non porté en compte.
Undersell, vendre moins cher.
Undersigned, m. soussigné; *I the* —, moi —; *we the* —, nous —.
Undertaking (*an*), n. une entreprise.
Undervalue, déprécier.
Underwriter, m. assureur.

Uncovered, à découvert; — *advance,* avance —.
Unlade, décharger.
Unpack, déballer.
Unpacking, n. déballage.
Unwrought, brut.
Usance, n. usance; *at two months* —, à deux mois d'—.
Use, usage.
Usher, m. huissier.
Utensils, n. pl. ustensiles; *household* —, articles de ménage.

V

Valid, n. valable.
Valonea, n. vallonée.
Value, n. valeur; — *in account,* — en compte; — *in cash,*—en espèces; —*received,* — reçue; — *less,* non valeur.
Value, estimer, évaluer.
Varnish, n. vernis.
Velvet, n. velours.
Vessel, n. navire; *expected* —, — attendu.
Vinegar, n. vinaigre.
Vote, n. voix (*délibérative*).
Voyage, n. voyage; *homeward* —, — de retour; *outward* —, — d'aller.

W

Wadding, n. ouate.
Waggon, n. wagon.
Warehouse, emmagasiner, entreposer.
Warehouse, n. entrepôt, magasin, dépôt; *bonding* —, entrepôt de douane.
Warrant, n. warant.
Waste, n. perte, déchet, dégât; — *book,* main courante, brouillon.

Watch, n. montre; *alarm* —, réveille matin.
Water proof, n. imperméable.
Waybill, n. lettre de voiture.
Wedding-presents, n. corbeille de mariage.
Weighing machine, n. bascule.
Weight, n. poids; *gross* —, brut; *net* —, — net; *light* —, faux —.
Whalebone, n. fanon de baleine.
Wheat, n. blé.
Wholesale, en gros.
Will, n. gré; *at your* —, à votre —; *willingly,* de bon —.
Wind, dévider, finir; *to — up an affair,* terminer, liquider une affaire.
Wind, n. vent; *wind permitting,* si le — le permet.
Wine, n. vin; *sparkling* —, — mousseux.
Wine-broker, m. courtier en vin.
Wire, n. fil de fer.
Witness, n. foi; *in —whereof,* en — de quoi.
Wood, n. bois; *brazil* —, — du Brésil; *carved* —, — sculpté; *log* —, — de campêche.

Woof, n. trame (*soie*).
Wool, n. laine; *mixed* —, — métis; *spanish* —, — de mérinos.
Work, n. ouvrage; — *box,* boîte à —; *open* —, bord à jour.
Work, exploiter.
Working, n. exploitation.
Workmanship, n. main-d'œuvre.
Work-shop, n. atelier.
Worth (*to be*), valoir.
Wrapper, n. enveloppe, couverture, toile d'emballage.
Wreck, faire naufrage.
Wrought, façonné, forgé.

Y

Yard, n. yard (*mesure de longueur de mètre* 0,91438348).
Yarn, n. fil; *twisted* —, fil retors; *hard* —, fil tors.
Year, n. an; *à* —, l'—.
Yield, rapporter.

Z

Zinc, n. zinc; — *in bars,* en barres; — *cover,* couverture en —.
Zinc-ore, n. minerai de zinc.

DICTIONARY
OF
COMMERCIAL TERMS
FRENCH AND ENGLISH

REMARK. The repetition of the French or the English word is represented by —.

A

Abat-jour, m. shade.
Abonné, m. subscriber.
Abonner (s'), to subscribe.
Absinthe, f. absinth.
Abus (*de confiance*), embezzlement, breach of trust.
Acajou, m. mahogany.
Accaparer, to buy up, to monopolize.
Acceptation, acceptance; *faute d'* —, non acceptance.
Accepter, to accept; —*pour honneur de la signature,* — for honour of the drawer.
Accord, m. agreement; *d'un commun* —, by mutual consent.
Accueil, m. honour, favour; *faire bon* —, to protect, to honour.
Accueillir (*une traite*), to accept a bill of exchange, to protect, to give protection.
Accusé (*de réception*), acknowledgement of receipt.
Acérer, to steel.
Acétate, m. acetate.
Achalandage, m. custom.
Achalandé, customed.
Achat, m. purchase, buying; — *à terme,* — payable at so many days.

Acheter, to buy, to purchase; — *en bloc,* — in a lump; —*à crédit,* — on credit.
Acheteur, m. buyer, purchaser.
Achevage, m. finishing.
Acier, m. steel; — *damassé,* Damascus —; — *fondu,* cast —.
A-compte, m. on account.
Acquit, m. receipt, discharge; — *à caution,* permit; *pour* —, paid.
Acquitté, paid.
Acquitter, to receipt, to pay.
Action, f. share, stock; — *au porteur,* transferable; — *détenteur d'* —, share holder.
Actionnaire, m. f. share, *ou* stock holder.
Adjudicataire, m. f. buyer, contractor.
Adjudication, f. contract, auction; — *au rabais,* on deduction; *par* —, by contract.
Adjuger (*à une vente*), to knock down.
Administration, f. management.
Adresse, f. address; *carnet d'* —, — book.
Affaire, f. affair, business, bargain; *des* — *excellentes,* excellent business; *faire des* —,

to do —; *soigner ses* —, to take care of one's —; *traîner une* —, to delay a —; *venir à bout d'une* —, to finish a —; *les — sont en pleine activité*, — is very active.

Affiler, to set, to sharpen.
Affiloir, m. wire pincers.
Affinage, m. refining, refinement.
Affranchir, to prepay (a letter).
Affranchissement, m. prepayment (of postage).
Affrétement, m. freighting.
Affréter, to freight.
Agence, f. agency.
Agencement, m. arrangement; — s, fixture.
Agenda, memorandum.
Agent, m. agent; — *de change*, exchange broker.
Agio, m. exchange.
Agiotage, m. stock-jobbing.
Agioteur, m. jobber.
Agrafe, f. clasp.
Aigrette, f. tuft.
Aiguille, f. needle; — *à broder*, embroidering —; — *à coudre*, sewing —; — *à repriser*, darning —; — *à tricoter*, knitting —; — *pour montre*, hand; *fusil à* —, — gun.
Aiguilleur (*ch. de fer*), m. pointer, pointsman.
Aimant, m. magnet.
Airain, m. brass.
Ajoutage, m. additament.
Ajustage, m. adjusting.
Alambic, m. alembic.
Albâtre, m. alabaster.
Album, m. album.
Alcool, m. alcohol.
Aller, to go; — *et retour*, — there and back.
Alliage, m. alloy.

Alliance, f. alliance, wedding-ring.
Allonge, f. piece for lengthening.
Allumettes, f. pl. matches.
Almanach, m. almanack.
Aloès, m. aloes.
Alpaga, m. alpaca.
Aluminium, m. aluminium.
Alun, m. alum.
Alunage, m. colouring, lighting.
Amande, f. almond; — *cassée*, cracked —.
Amarante, f. amaranth.
Amazone, f. riding-dress.
Ambre, m. amber.
Amende, f. fine.
Améthyste, f. amethyst.
Ameublement, m. furniture.
Amiable, amicable; *à l'* —, by private contract; *vente à l'* —, private sale.
Amidon, m. starch.
Ammoniaque, f. ammoniac.
Amorçage, m. priming.
Amorce, f. cap, prime, bait.
Amortir, to sink, to redeem.
Amortissement, m. extinction; *caisse d'* —, sinking fund.
An, m. year; *par* —, per annum; *l'* —, a year.
Anchois, m. anchovy.
Anis, m. aniseed.
Annonce, f. advertisement
Annuaire, m. annual.
Annuel, annual, yearly.
Annuité, f. annuity.
Annuler, to cancel.
Anonyme, m. anonymous.
Antimoine, m. antimony.
Aperçu, m. sketch, list.
Aplatir, to flatten.
Aplatissoire, m. flattener.
Appareil, m. apparatus; — *de chauffage*, warming —.

Appoint, m. appoint, draft; *faire l'* —, to balance; *par* —, remittance in full.
Appointements, m. pl. salary.
Apport, m. share of capital in a commercial society.
Apprenti, m. apprentice.
Apprentissage, m. apprenticeship.
Apprêteur, euse, m. f. dresser, finisher.
Arbitrage, m. arbitration.
Arbitre, m. arbiter.
Ardoise, f. slate.
A rebours, in the wrong way, backwards.
Argent, m. (*métal*), silver; (*monnaie*) money; — *comptant,* cash down; — *en barre,* — in bar.
Argenter, to silver over.
Argenterie, f. silver plate.
Armateur, m. ship-owner.
Armer (*un navire*), to fit out.
Arnica, m. arnica.
Arrangement, m. adjustment, compromise.
Arrérages, m. pl. arrears.
Arrêt, m. arrest, stop.
Arrêter, to stop, to resolve upon; — *un compte,* to close an account.
Arrhes, f. pl. earnest money, deposit.
Arrivages, m. pl. arrivals.
Arrivée, f. arrival; — *du courrier,* — of the mail.
Article, m. article; — *de ménage,* household utensils.
Assemblée, f. meeting; — *des créanciers,* — of creditors.
Assermenté, m. sworn; *courtier* —, — broker.
Assiette, f. plate; — *creuse,* soup —; — *à gâteaux,* cake —.

Assignation, f. summons.
Association, f. partnership.
Associé, m. partner.
Assorti, assorted, matched.
Assortiment, m. set, assortment.
Assurance, f. insurance; — *contre l'incendie,* fire —; *prime d'* —, — premium.
Atelier, m. work-shop.
Atermoiement, m. delay, composition.
Atermoyer, to delay.
Augmentation, f. increase, advance.
Aune, f. ell.
Autruche, f. ostrich; *plume d'* —, — feather.
Aval, m. endorsement; *donneur d'* —, endorser.
Avances, f. pl. advances; — *à découvert,* — in blank; — *sur titres,* — on warrants.
Avarie, f. damage.
Avarié, damaged.
Aveline, f. filbert.
Avis, m. advice; *faute d'* —, without —; *sans autre* —, without further —; *suivant* —, after —.
Avocat, m. lawyer, barrister, solicitor.
Avoine, f. oats.
Avoir, to have, creditor.
Avoué, m. solicitor.
A vue, at sight.
Ayant-droit, m. claimant.
Azur, blueing.

B

Bagage, m. luggage, baggage.
Bague, f. ring.
Baignoire, f. bath, box (th.).
Bail, m. lease; *résilier le* —, to cancel the —.

Bailleur (*de fonds*), sleeping partner.
Baisse, f. fall, decline; *jouer à la* —, to go in for the fall.
Baisser, to fall, to decline.
Baissier, m. bear.
Balance, f. balance; — *d'entrée ou de sortie,* —against or in favour; *faire une* —, to draw a —.
Balancer, to balance; — *un compte,* — an account.
Balle, f. ball.
Ballot, m. package.
Banc, m. bench.
Bandage, m. bandage, truss.
Bandagiste, m. truss-maker.
Bande, f. band, wrapper.
Bank-note, f. bank-note.
Banque, f. bank; — *d'escompte,* — of discount; — *nationale,* national —; *billet de* —, bank-note; *commis de* —, — clerk.
Banqueroute, f. bankruptcy; — *frauduleuse,* fraudulent —.
Banqueroutier, m. bankrupt.
Banquier, m. banker.
Baraterie, f. barratry.
Baril, m. barrel.
Baromètre, m. barometer.
Barre, f. bar.
Barrique, f. cask, hogshead.
Baryte, f. baryta.
Bas, m. stocking; — *de laine,* woollen —; — *à jour,* open work —.
Basalte, m. basalt.
Basane, f. sheep-leather.
Bascule, f. weighing machine.
Basin, m. dimity; — *piqué,* quilting.
Bateau, m. boat; — *à vapeur,* steam —; — *de sauvetage,* lifeboat.

Batiste, f. cambric.
Bénéfice, m. profit, gain.
Bénéficier, to profit by, to make a profit on.
Benjoin, m. benzoin.
Berceau, m. cradle, cot.
Bergamotte, f. bergamot.
Besoin, m. want, need; *au* —, in case of need; *au* — *chez M^r,* in case of need at Mr.
Biens, m. pl. property; funds; — *fonds,* landed property; — *mobiliers,* personal estate.
Biffer, to erase, cancel.
Bijou, m. jewel, trinket.
Bijouterie, f. jewellery.
Bijoutier, m. jeweller.
Bilan, m. balance sheet; *déposer son bilan,* to fail, to become a bankrupt.
Billard, m. billiard-table.
Bille, f. log, marble.
Billet, m. bill, note; — *acquitté,* paid —; — *à ordre,* — to order; — *de banque,* bank-note; — *retourné,* returned —; *renouveler un* —, to renew a —; — *de complaisance,* accommodation —.
Billon, m. copper money.
Bimbelot, m. toy.
Bimbeloterie, f. toy-trade.
Binocle, m. binocular glass.
Bismuth, m. bismuth.
Blague (*à tabac*), f. tobacco pouch.
Blanc, white; *crédit en* — blank credit.
Blé, m. corn, wheat.
Bleu, blue; — *d'outremer,* ultramarine.
Bloc (*acheter ou vendre en*), to buy or sell in block.
Blonde, f. lace, (blonde).
Blouse, f. smock-frock.

Bobèche, f. socket.
Bobine, f. reel.
Bois, m. wood; —*du Brésil*, Brazil —; — *blanc*, white timber; —*de construction*, timber; — *sculpté*, carved —.
Bois (*de lit*), m. bedstead.
Bombés (*verres*), convex glasses.
Bon (*un*), m. bond, check; —*du trésor anglais*, exchequer bill; — *français*, treasury bill.
Bonbons, m. pl. comfits.
Bonnet, m. cap.
Bonneterie, f. hosiery.
Borax, m. borax.
Bord, m. edge, brim; — *à jour*, open-work —.
Bord (*frais de*), m. shipping charges.
Border, to edge.
Bordereau, m. note, memorandum.
Bordure, f. edge, border.
Botte, f. bundle.
Bottes, f. pl. boots; — *à double semelle*, double sole —; — *à l'écuyère*, hessian —.
Bottines, f. pl. half-boots.
Bouchon, m. cork, stopper.
Boucle, f. buckle; — *d'oreille*, ear-ring.
Bougie, f. candle; — *stéarine*, stearic —.
Bouquet (*du vin*), m. flavour.
Bouquin m. old book.
Bourre, f. stuff, wad.
Bourse, f. exchange; *clôture de la bourse*, closing of the —; *jouer à la* —, to speculate in stocks.
Boursier, m. jobber.
Bouteille, f. bottle.
Boutique, f. shop.
Boutiquier, m. shop-keeper.
Bouton, m. button; *crochet à* —, — hook.
Bracelet, m. bracelet.
Brai, m. pitch.
Brandebourgs, m. pl. guimps.
Brasserie, f. brewery.
Bretelle, f. (*courroie*), strap; — *pour pantalon*, braces.
Brevet (*d'invention*), m. patent, letters patent.
Breveté (*chose*), patented; (*personne*), patentee.
Breveter, to give a patent.
Brillant (*un*), m. a brilliant.
Brique, f. brick.
Brocanteur, m. broker.
Broche, f. brooch.
Brochure, f. pamphlet.
Broder, to embroider.
Broderie, f. embroidery; —*riche*, richly embroidered.
Bronze, m. bronze.
Brosse, f. brush; — *à dents*, tooth —; —*à chapeau*, hat —; — *à cirer*, shining —; — *à habits*, clothes —.
Brouillard, m. waste *ou* note book.
Brouillon, m. rough draught, daybook.
Brut (*poids*), gross; *matière* —, raw, crude.
Budget, m. budget.
Bureau, m. office, counting house, writing table; *garçon de* —, porter.
Buvard, m. blotting paper.

C

Câble, m. cable.
Cabotage, m. coasting trade.
Cacao, m. cocoa-nut.
Cachemire, m. cashmere.
Cache-nez, m. comforter.

Cachet, m. seal.
Cacheter, to seal.
Cadran, m. dial.
Café, m. coffee; — *à gros grains,* large berried —; — *à petits grains,* small berried —.
Caisse, f. box, case, chest, cash box; — *d'épargne,* savings bank; *livre de* —, cash book; *en* —, in hand.
Caissier, m. cashier.
Caleçon, m. drawers.
Calicot, m. calico.
Camelot, m. camlet.
Camion (*voiture*), m. truck.
Campêche (*bois*), m. logwood.
Camphre, m. camphor.
Candélabre, m. chandelier.
Canne, f. cane, stick.
Caoutchouc, m. caoutchouc, india rubber.
Capital, m. stock, capital; — *flottant,* floating —; — *à fonds perdu,* a loan on annuities; *des* — *considérables,* large capitals; *le* — *de mise* (apport), share of —; — *roulant,* rolling —; *placer un capital,* to put a capital on interest.
Câpres, m. capers.
Cargaison, f. cargo; — *de retour,* return —.
Carillon, m. carillon, chimes.
Carnet, m. note book, memorandum.
Carte, f. card; card board, bristol paper; — *à jouer,* playing —; — *de visite,* visiting —; — *d'échantillon,* pattern —.
Cartonnage, m. boarding.
Casse (*arbre*), f. cassia.
Casse, f. breakage; *franc de* —, free of breakage.

Caution, f. bail, security.
Céder, to transfer, to give up.
Cent (*pour*), per cent; *droit de tant* —, percentage.
Cercles (*vin en*), m. pl. wine in wood.
Certificat, m. certificate, debenture; — *de santé,* bill of health.
Cessation (*de paiements*), f. suspension of payments.
Chaland, m. customer, barge.
Châle, m. shawl.
Chambre (*de commerce*), f. Chamber of commerce.
Chandelle, f. candle.
Change, m. exchange; — *au pair,* — at par; — *au-dessous du pair,* — under par; *agent de* —, stock-broker; *courtier de* —, bill-broker; *lettre de* —, bill of —.
Changeur, m. money changer.
Chantier, m. timber-yard, dock-yard.
Chapeau, m. hat, bonnet; — *à large bord,* broad brimmed —; — *à petit bord,* narrow brimmed —; — *de feutre,* felt —; — *de paille,* straw —; — *de paille d'Italie,* Leghorn —.
Charbon (*houille*), m. coal; — *de bois,* charcoal.
Charge, f. charge, load.
Chargement, m. shipment, shipping.
Charger (*un navire*), to ship; — (*une lettre*), to register.
Charpentier, m. carpenter.
Charte-partie, f. charter party.
Chaudronnerie, f. copperware.

Chaussure, f. shoes, boots.
Chef (*de maison*), m. principal, senior; boss (t. americ).
Chemise, (*d'homme*), f. shirt; (*de femme*), chemise, shift.
Chèque, m. check; — *barré*, crossed —.
Chevreau, m. kid.
Chlore, m. chlorine.
Chocolatière, f. chocolate pot.
Cigare, m. cigar.
Ci-inclus, enclosed; *ci-joint*, annexed.
Circulation, f. circulation; — *monétaire*, currency.
Clause (*conditionnelle*), f. proviso.
Client, m. customer.
Clore (*les comptes*), to close accounts.
Clôture, f. enclosure, closing.
Clou, m. nail, stud; — *de girofle*, clove.
Cobalt, m. cobalt.
Cochenille, f. cochineal.
Cocon, m. cocoon; — *double*, twin —.
Coffre, m. trunk, chest, box; — *fort*, strong box, safe.
Colis, m. package, bale.
Colle (*de pâte*), f. paste; — *forte*, glue.
Coloniale (*marchandise*), m. colonial (*goods*).
Colporteur, m. hawker, pedlar.
Colza, m. colewort.
Commande, f. order; *sur* —, to —.
Commanditaire, m. sleeping partner.
Commandite (*société en*), f. joint-stock company (limited).
Commerce, m. trade, commerce; — *de détail*, retail —; — *de gros*, wholesale —.
Commis, m. clerk; *premier* —, head ou managing —; — *aux recettes*, collecting —; — *voyageur*, commercial traveller.
Commissaire (*priseur*), m. auctioneer.
Commission, f. commission; *maison de* —, — agency.
Commissionnaire, m. commission agent.
Communauté (*des biens*), f. community.
Compagnie (*en commandite*), f. company of sleeping and active partners.
Comptabilité, f. accounts, book-keeping.
Comptable, m. book-keeper.
Comptant (*au*), in cash.
Compte, m. account; — *courant*, current —; — *à demi*, joint —; *pour* —, for —; — *quittancé*, paid —; *relevé de* —, copy of —; *régler un* —, to settle an —.
Compte-fils, m. linen glass.
Comptoir, m. counting-house.
Concordat, m. composition, bankrupt's certificate.
Concurrence, f. competition; *jusqu'à* — *de*, to the amount, to the extent of.
Condition, f. terms, condition; — *de la soie*, — of silk.
Conditionné (*bien ou mal*), well or bad conditionned.
Confection, f. confection, making.
Connaissement, m. bill of lading.
Conserves (*confitures*), f. pl.

preserves ; (*lunettes*), eye glasses.
Consignataire, m. consignee.
Consignateur, m. consigner.
Consignation, f. consignment.
Consigner, to consign.
Consolidés (*fonds*), m. pl. consols.
Consommation, f. consumption,
Consul, m. consul.
Contenu, m. contents.
Contrefaçon, f. counterfeit, imitation.
Contremaitre, m. foreman.
Contremander, to countermand.
Contrôler, to control.
Convoi, m. train, convoy; — *direct*, express train.
Corail, m. coral.
Coralline, f. coralline.
Corbeille, f. basket ; — *de mariage*, wedding presents.
Correspondance, f. correspondence ; *faire la* —, to carry on —.
Corsage, m. bodice, body.
Corset, m. corset, stays.
Cote, f. quotation.
Coter, to quote.
Coton, m. cotton; — *brut*, raw —; — *épluché*, picked —; — *filé*, — yarn ; — *piqué*, — quilting; *tissu de* —, cotton-tissue.
Cotonnade, f. check.
Coulage, m. leak.
Couler bas, to sink.
Couleur, f. colour; — *foncée*, dark —; *cette* — *se détache*, this — comes off.
Coupé-lit, m. sleeping-waggon.
Coupon, m. coupon; *déta-cher le* —, to cut off the coupon ; *jouissance du* —, enjoyment or benefit of the —.
Courant, current; *le 10* —, the tenth instant.
Courrier, m. post, mail ; *par retour du* —, per return of post.
Cours, m. currency; *dernier* —, closing prices ; *au* — *de*, at the rate of; — *forcé*, enforced —.
Courtage, m. brokerage, commission —.
Courtier, m. broker ; — *assermenté*, sworn —.
Coûtant (*prix*), prime cost, cost price.
Couteau, m. knife.
Coutil, m. tick, ticken, ticking, drill.
Couverture, f. cover.
Crachoir, m. spittoon.
Cravate, f. cravat, neck tie.
Créancier, m. creditor.
Crédit, m. credit; *lettre de* —, letter of —; *à* —, on —; *porter, placer à* —, to carry to, to place to —.
Créditer, to credit, to give credit.
Crêpe, m. crape.
Crépine, f. fringe.
Cretonne, f. linen, cotton cloth.
Criée (*à la*), f. by auction.
Crieur, m. auctioneer.
Crise, f. crisis.
Cristal, m. crystal ; — *taillé*, cut —, — *de roche*, rock —.
Crochet, m. hook.
Cuiller, f. spoon ; — *à potage*, ladle ; — *à thé*, *à café*, tea, coffee —.
Cuir, m. leather ; — *tanné*, tanned —; — *verni*, patent

—; — *de Russie*, Russian —.
Cuivre, m. copper; —*jaune*, brass.
Curateur, m. curator, trustee.

D

Damas, m. damask, — *de soie, fil, coton ou laine*, silk, thread, cotton or woollen —.
Damier, m. chess board.
Date, f. date; *en date de*, under — of.
Déballer, to unpack.
Débit, m. debit, debtor side, sale, market; *porter au* —, to carry, to place to the debit.
Débitant, m. retailer, dealer.
Débiter, to debit, to retail.
Débiteur, m. debtor.
Débouché, m. (*marché*), market, opening.
Débours, m. disbursements.
Décharge (*d'une dette*), f. discharge.
Déchet, m. waste, decrease.
Déclaration (*en douane*), f. déclaration, entry, bill of entry.
Découvert (*à*), uncovered, deficit; *rester à* —, to be in advance; *tirer à* —, to draw in blank.
Dédit, m. forfeit.
Dédommagement, m. amends, indemnity.
Dédouaner, to clear.
Déduction, f. deduction.
Défendeur, m. defendant.
Déficit, m. deficit, deficiency.
Délai, m. delay; *dans le plus bref* —, on the shortest notice.
Dégraisseur, m. scourer.
Dégustation, f. tasting.
Délivrer, to deliver.
Demande, f. demand, claim.

Demandeur, m. plaintiff.
Démarche, f. steps; *faire des* —, to take —.
Démêloir (*peigne*), m. large toothed comb.
Dénonciation (*de faillite*), f. docket.
Denrées, f. provisions.
Dentelle, f. lace, lace work, — *sans fond*, white *ou* fine thread —.
Dépérir, to decline, to pine away.
Déplombage, m. taking the lead off.
Dépositaire, m. depository, trustee.
Dépôt, m. deposit, lodgment.
Désachalander, to make one lose his customers.
Désintéresser, to indemnify.
Dessin, m. drawing; — *à ramages*, — with flowers.
Détail, m. retail, detail.
Détenteur, m, holder.
Détournement, m. embezzlement.
Détourner, to turn away, aside.
Dette, f. debt; — *flottante*, floating —; — *consolidée*, consols.
Devis, m. estimate.
Dissolution (*de société*), f. dissolution of partnership.
Dito, m. ditto.
Dividende, m. dividend.
Dock, m. dock.
Domicile, m. domicile; *billet à* —, domiciliated bill.
Dommages (*et intérêts*), damages; *payer les* —, to pay —.
Donner, to give; — *suite*, to follow up.
Douane, custom-house.

Douanier, m. custom-house officer.
Double, double, twofold, duplicate; *fait en* —, done in duplicate.
Doublure, f. lining.
Doupions (*cocons*), m. pl. double *ou* twin cocoons.
Drap, m. cloth.
Draperie, f. cloth-making, cloth-trade.
Drawback, m. drawback.
Droguiste, m. druggist.
Droit, m. duty, due; —*civil*, civil right; — *d'entrée, d'importation*, import duty; — *de sortie*, export —.
Ducroire, m. del credere.
Duplicata, m. duplicate.

E

Eau-de-vie, f. brandy.
Ébénisterie; f. cabinet-work.
Écaille, f. tortoise shell.
Échange, m. exchange; *libre* —, free trade.
Échantillon, m. sample, pattern, specimen; *carte d'* —, card *ou* book of —.
Échantillonner, to sample, to draw samples.
Échéance, f. maturity, falling due, expiration.
Échéancier, m. bill-book.
Échoir, to become, to fall due.
Écouler, to sell off, to go off, to dispose off.
Écrin, m. casket, jewel-box.
Écru (*fil*), raw, unbleached, grey (*thread*).
Édredon, m. eiderdown; *un* —, an — coverlet.
Effet, m. draft, bill, — *à* *échoir*, running bill; —*à payer*, — to pay; — *à toucher*, — to cash; — *en souffrance*, dishonoured —; *endosser un* —, to endorse a —.
Élevé (*prix*), m. high price.
Émailler, to enamel.
Emballage, m. packing up.
Emballeur, m. packer.
Embarquer, to take goods on board; *s'* —, to go on board; *s'* — *dans une affaire*, to engage, to embark in a business.
Émeraude, f. emerald; *vert* —, green —.
Emmagasiner, to warehouse.
Empaqueter, to pack up.
Emprunt, m. loan; *faire un* —, to raise a —.
Emprunter (*de l'argent*), to borrow money.
En bloc, in block.
Encaissement, m. collection, cashing; *soigner l'* —, to encash.
Encan, m. auction, sale.
Enchère (*offre*), f. bidding; *vente aux* —, sale by auction; *payer la folle* —, to pay the forfeit.
Enchérir, to outbid.
Enchérisseur, outbidder; *au plus offrant et dernier* —, to the highest —.
Endossement, m. endorsement.
Endosser, to endorse.
Engagement, m. engagement; — *par écrit*, written —; *faire honneur à ses* —, to honour one's —.
Engager (*sa parole*), to engage one's self.
Enregistrement, m. registe-

ring; *droits d'* —, — duties.
Enregistrer, to note down.
Entremise (*par l'*), f. through the medium.
Entrepôt, m. entrepot, bond, warehouse.
Entrer (*en relations*), to begin a correspondence.
Enveloppe, f. cover, wrapper; — *de lettre*, enveloppe.
Envoi, m. invoice, parcel; *faire un* —, to send off, to forward a parcel; *lettre d'* —, weighbill.
Épaves, flotsam, wreck.
Épices, f. pl. spices.
Épicier, m. grocer.
Épingle, f. pin; *étui, pelote à* —, — case, cushion.
Épuisée (*édition*), out of print.
Épuration, f. refinement.
Équipage, m. crew, carriage.
Escompte, m. discount, deduction.
Espèces, f. pl. cash, species.
Essai, m. essay, trial; *donner, prendre à l'* —, to give, to take in trial.
Estampille, f. stamp.
Estimer, to estimate, to value
Établir, to establish; *s'* —, to set up in business.
Établissement, m. establishment, house; *frais d'* —, expenses of —.
Étalage, m. stall.
Étalon, m. standard.
État, m. condition, state, situation, trade; *en bon ou en mauvais* —, in good or bad condition.
Étiquette, f. label, ticket.
Étoffe, f. cloth, stuff.

Étranger, m. foreigner, stranger; *à l'* —, abroad.
Étrenner, to handsel.
Étrennes, f. pl. new year's gifts.
Étui, m. case, sheath, box.
Éventail, m. fan.
Excédant (*somme*), m. overplus; *poids* —, overweight.
Expédier, to despatch, to forward, to send.
Expert, m. appraiser; — *priseur*, — at auction.
Expertise, f. appraising.
Exploitation, f. working, cultivating.
Exploiter, to work.
Exportation, f. exportation.
Exporter, to export.
Expropriation forcée, f. forced expropriation.
Extrait, m. extract; — *de compte*, — of account.

F

Fabrique, f. factory.
Face (*faire*), to meet.
Facilités, f. pl. facilities, accommodations.
Facteur (*agent*), m. factor, salesman; (*porteur*), carrier; (*de lettres*) postman.
Facture, f. invoice, bill.
Facturer, to invoice.
Faillite, f. failure, bankruptcy; *faire* —, to fail; *syndic d'une* —, trustee.
Faire, to do, to make; — *honneur*, to honour; — *une déclaration*, to make a declaration; — *une dénonciation*, to denounce.
Fanons (*de baleine*), m. pl. fins, bones.
Faute (*d'écriture*), f. mistake.

Faux (*un*), m. forgery; *commettre un —*, to commit a —; *— frais*, small expenses.
Fer, m. iron; *articles de —*, iron goods; *— blanc*, tin; *fil de —*, wire.
Fermage, m. rente.
Fermeture, f. closing.
Ferraille, f. old iron.
Feutre, m. felt.
Ficelle, f. twine, pack-thread.
Fichu, m. neckerchief.
Fidéi-commissaire, m. trustee.
Fil, m. yarn, thread; *— de métal*, wire; *— retors*, twisted yarn; *— tors*, hard yarn.
Filature, f. spinning-mill.
Filet, m. net.
Filigrane, m. filigree.
Filoselle, f. floss, floret, silk, ferret.
Fin, fine; *— courant*, end of the present month; *superfin, extra —*, super —.
Foi, f. faith; *en — de quoi*, in witness where of.
Foire, f. fair.
Fondé (*de pouvoirs*), m. power of attorney.
Fonds, m. s. shop, warehouse; m. pl. capital; *faire les —*, to provide the necessary funds; *à — perdus*, loan on annuities; *— publics*, consols.
Fonte (*de fer*), f. cast iron; *ouvrage en —*, worked —.
Force majeure, f. emergence; *en cas de —*, in case of —.
Forfait (*à*), by contract, by the job.
Foulard, m. silk handkerchief.
Fournisseur, f. purveyor.

Fourrure, f. fur.
Fragile, fragile, brittle.
Frais, m. pl. charges, expenses; *aux — de*, to the — of; *faux —*, casual —; *menus —*, small —; *— d'installation*, installation —; *non compris les —*, — not included; *tous — déduits*, all — deducted; *— de poste*, postage charges.
Franco, free of expense, of charges, post free.
Frelaterie, f. adulteration.
Fret, m. freight.
Fréter, to charter.
Fût, m. cask.
Futaille, f. small cask.
Futaine, f. fustian.

G

Gage, m. mortgage; *lettre de —*, mortgage bond; *donner en —*, to give in trust.
Ganse, f. edging, cord, loop, guimp.
Gants, m. pl. gloves; *— de chevreau*, kid —; *— de fil*, thread —; *— de soie*, silk —.
Garance, f. madder.
Garant, m. guarantee; *se porter —*, to warrant.
Garçon, m. (*de bureau, de magasin*), porter; *— de recettes*, collecting clerk.
Gare, f. terminus, station.
Garniture, f. trimming, ornament.
Gaze, f. gauze.
Gérant, m. manager.
Gestion, f. management.
Girofle (*clou de*), m. clove.
Gomme, f. gum; *— élastique*, india rubber.
Gourmette, f. curb chain.
Gouverne (*pour votre*), f. for your government.

Gratification, f. gratuity, allowance.
Grattoir, m. scratching-knife.
Gré, m. will, liking; *à votre —*, at your will; *de — à —,* by private contract; *de bon —,* willingly.
Grège, raw; *soie —, —* silk.
Gris, m. grey; *vert de —,* verdigris.
Gros (*en*), wholesale.
Guano, m. guano.
Guipure, f. guipure.
Gutta-percha, f. gutta-percha.

H

Habillement, m. dress, clothes.
Habit, m. coat; *— confectionnés,* ready made clothes.
Hameçon, m. fish-hook.
Hausse, f. rise, advance; *être en —,* to look up.
Haussier, m. bull.
Honneur, m. honour; *faire — à la signature,* to honour the signature.
Honoraires, m. pl. fees.
Horloge, f. clock.
Horloger, m. watch, clockmaker.
Houblon, m. hop.
Houille, f. coals.
Houppe (*à poudre*), f. powder-puff.
Housse (*pour cheval*), f. horsecloth; (*pour chaise*), cover.
Huile, f. oil; *— de foie de morue,* cod liver —; *— d'olive,* olive —; *— de ricin,* castor —.
Huissier, m. usher, crier.
Hypothécaire, m. (*créancier*), mortgager; *caisse —,* mortgage office; *document —, —* bond.
Hypothèque, f. mortgage.
Hypothéquer, to mortgage.

I

Imperméable, water-proof.
Importation, f. importation, imports.
Impôt, m. tax; *— sur le revenu,* income —.
Impression, f. printing.
Imprimer, to print.
Imprimeur, m. printer.
Indemniser, to indemnify.
Information, f. reference.
Insolvabilité, f. insolvency.
Insolvable, insolvent.
Intercepter, to intercept.
Interdit, m. interdiction.
Intéresser, to give an interest in.
Intérêt, m. interest; *— composé,* compound —.
Interjeter (*appel*), to make an appeal.
Interprète, m. interpreter.
Intervention (*par*), by intervention.
Inventaire, m. inventory.
Inventorier, to make a catalogue of.
Ivoire, m. ivory.

J

Jaconas, m. jaconet.
Jais, m. jet.
Jambon, m. ham.
Jauge (*manomètre*), f. gauge, gauging-rod.
Jaugeur, m. gauger.
Joaillerie, f. jewellery.
Joint (*ci*), annexed.
Jouissance, f. possession.
Jour, day; *à 6 — de vue,* 6 — after sight; *à —,* open.
Journal, m. day-book.

Juge commissaire, m. official assignee.
Jugement, m. judgment, trial, sentence.
Jumelle, f. double opera glass.
Jupe, f. skirt.
Jury, m. jury.

K

Kaléidoscope, m. kaleidoscope.
Kaolin, m. kaolin.
Kermès, m. kermes.
Kilogramme, m. kilogramme.
Kilolitre, m. measure of capacity equal to 220 galloons.
Kilomètre, m. kilometre.
Kiosque, m. kiosk.

L

Lainage, m. woollen, woollen goods.
Laine, f. wool.
Lainer (*le drap*), to nap, to dress.
Laisser-passer, permission, pass.
Laiton, m. brass; *articles de* —, — work.
Laize, f. width.
Lampe, f. lamp.
Lapin, m. rabbit; *peau de* —, — skin.
Layetier, m. trunk-maker.
Layette, f. baby's linen.
Légalisation, f. legalizing.
Légaliser, to legalize.
Legs, m. legacy.
Lentille, f. (*verre*), lens; (*graine*), lentil.
Lettre, f. letter; — *affranchie*, prepaid —; — *d'avis*, — of advice; — *de change*, bill of exchange; — *chargée*, registered —; — *de crédit*, — of credit.
Libre-échange, m. free-trade.
Licence, f. license.
Licitation, f. sale by auction.
Lin, m. flax; — *brut*, raw —; *graine de* —, linseed.
Linge, m. linen; — *damassé*, damasked —.
Lingot, m. bullion; — *d'or*, gold —.
Linon, m. lawn.
Liquidateur, m. liquidator.
Liquidation, f. liquidation.
Lisser, to smooth.
Literie, f. bedding.
Litige (*en*), in litigation.
Livraison, f. delivery (of goods); *prendre* —, to receive goods; (*publication*), part, number (of a book)
Livre, m. book; — *auxiliaire*, help —; — *de caisse*, cash —; — *journal*, journal; — *à souche*, cheque —.
Livrer, to deliver.
Lorgnette, f. opera-glass.
Lorgnon, m. eye glass.
Lot, m. lot.
Louer, to let, to hire.
Loyer, m. rent.
Lunettes, f. pl. spectacles.
Lunetier, m. spectacle-maker.

M

Macaroni, m. pl. macaroni.
Machine, f. machine, engine; — *à vapeur*, steam —; — *à coudre*, sewing machine.
Maçonnerie, f. masonry.
Magasin, m. magazine, shop, warehouse.
Main-d'œuvre, f. workmanship; — *courante*, day-book.
Maïs, m. indian corn.

Manchettes, f. pl. cuffs.
Manchon, m. muff.
Mandat, m. money order; — *sur la poste*, post office —.
Manne, f. manna.
Mantille, f. mantle.
Marbre, m. marble.
Marbrier, m. marble-cutter.
Marchand, m. merchant; — *en détail*, retail —, — *en gros*, wholesale—; *vaisseau* —, mercantile ship.
Marchandise, f. merchandise, goods; — *de rebut*, waste goods.
Marché, m. market; — *encombré*, full —; *par dessus le* —, on the bargain.
Marine (*marchande*), f. mercantile navy.
Maroquin, m. morocco.
Marque, f. mark; — *de fabrique*, trade —.
Marqueterie, f. inlaid work.
Martre, f. sable.
Matériaux, m. pl. materials.
Matières premières, f. pl. raw materials.
Maximum, m. maximum.
Mégie (*en*), tawed.
Mégissier, m. tawer, fellmonger.
Mémoire, m. note, bill.
Ménage (*articles de*), household articles.
Mercerie, f. haberdashery.
Mercier, m. haberdasher.
Minerai, m. ore.
Minium, m. minium.
Mise, f. share; — *à bord*, shipping; — *en demeure*, summons.
Mode, f. fashion.
Monnaie, f. money; — *de papier*, paper —, green back (t. americain).

Monopole, m. monopoly.
Montant, m. total sum.
Monter (*se*), to amount, to rise.
Montre, f. watch; — *à réveil*, alarum —; *en* —, on show.
Monture, f. mounting.
Mouchoir, m. handkerchief. — *brodé*, embroidered —; — *à jour*, open worked —.
Moule, m. form, mould.
Mousseline, f. muslin.
Moyen (*prix*), average price.
Moyenne (*en*), on an average.
Muscade, f. nutmeg.

N

Nacre, f. mother of pearl.
Nantissement, m. security.
Natte, f. mat.
Navire, m. vessel, ship; — *attendu*, expected —; — *en charge*, loading —.
Naufrage, m. shipwreck; *faire* —, to be wrecked.
Nécessaire, m. travelling-case.
Négociant, m. merchant; — *en gros*, wholesale —.
Négocier, to trade, to trafic.
Net, m. net; *poids* —, — weight.
Nœud, m. knot.
Noir, m. black; — *animal*, animal charcoal.
Nombre, m. number; — *rouge*, red —.
Non-payement, m. non payment.
Notaire, m. public notary.
Note, f. bill, note; — *acquittée*, paid —; — *détaillée*, detailed —; — *de frais*, — of expenses; *première* —, daybook.
Nouveauté, f. novelty, fashion; *magasin de* —, dry

goods store (t. americain).
Numéraire, m. cash, specie.
Numéroter, to number.

O

Obéré, m. in debt.
Obligation, f. obligation, share.
Occasion, f. opportunity, occasion; *acheter d'* —, to buy second hand.
Octroi, m. town dues.
Offrant, m. bidder; *au plus,* — *et dernier enchérisseur,* to the highest —.
Onyx, m. onyx.
Opération, f. operation, speculation.
Opium, m. opium.
Or, m. gold; — *en barre,* — in bar; — *mat,* dead —.
Ordre, m. order; *passer un* —, to give an order.
Orfévre, m. goldsmith.
Organsin, m. organzine.
Orge, f. barley.
Ornements, m. pl. ornaments.
Ouate, f. wadding.
Ouater, to wad.
Ourdissage, m. warping.
Ourlet, m. hem; — *à jour,* open work —.
Outil, m. tool.
Outre-mer, m. ultramarine.
Ouvré, worked.
Ouvrir, to open; — *un compte,* — an account.

P

Pacotille, f. small stock.
Pacte, m. pact, covenant.
Paille, f. straw;— *en tresse,* plaits.
Pair, m. par; *le change est au* —, the exchange is at —;

au-dessus, au dessous-du —, above, under —.
Papeterie, f. stationery.
Papier, m. paper; — *à décalquer,* tracing —; — *à lettre,* letter —; — *buvard,* blotting —; — *timbré,* stamped —; —*vélin,* vellum —;— *de verre,* sand —.
Paquebot, m. packet-boat.
Paquet, m. parcel.
Parafe, m. dash.
Parapluie, m. umbrella.
Par appoint, per appoint.
Pardessus, m. overcoat.
Parfumeur, m. perfumer.
Partage, m. division, share.
Participation, f. participation.
Partie, f. lot, part, share; *en* — *double,* by double entry; *en* — *simple,* by single entry.
Parure, f. set of jewellery.
Passementerie, f. lace-making, trimming.
Passe-poil, m. braid.
Passer, to pass; — *écriture,* to enter.
Passif, m. passive.
Patente, f. patent; *droit de* — right.
Patins, m. pl. skates.
Pâtissier, m. pastry-maker.
Payement, m. payment; *suspendre, reprendre ses* —, to suspend, to take up one's —.
Payer, to pay; — *comptant,* — in cash.
Peau, f. skin; — *tannée,* tanned —; *rognures de* —, — shavings.
Peaussier, m. skinner.
Peigne, m. comb;— *d'écaille,* tortoise shell —.
Peignoir, m. dressing gown.
Pelisse, f. pelisse.

Pelletier, m. fur merchant.
Pelotte, f. ball.
Peluche, f. plush.
Pendule, f. clock; *globe de* —, glass-shade.
Percale, f. cambric muslin.
Permis, m. permit, licence, pass; — *de chasse*, shooting licence; — *de douane*, custom —; — *de sortie*, free pass.
Perte, f. loss; *avec* —, with —.
Pétrole, m. petroleum.
Phare, m. light-house.
Piano, m. piano; — *à queue*, large —; — *droit*, upright —.
Pièce, f. piece; — *de drap*, — of cloth; *pièces*, proofs, documents, casks.
Pierre, f. stone; — *à aiguiser*, sharpening —.
Pince-nez, m. eye-glasses.
Place, f. place, market; *sur* —, on the —.
Placement, m. sale, place.
Placer, to sell, to place.
Placier, m. town-agent.
Plat, m. plate.
Plâtre, m. plaster.
Plomb, m. lead; — *de chasse*, shot.
Plume, f. pen, feather; — *d'autruche*, ostrich feather; — *métallique*, steel pen.
Poids, m. weight; — *brut*, gross —; — *net*, net —.
Poil, m. hair.
Point, m. point, full stop.
Pointer, to point; — *les articles*, — the goods.
Poivre, m. pepper.
Police, f. police; — *d'assurance*; insurance —.
Porcelaine, f. china.
Port, m. port, harbour; — *dû*, carriage due; — *franc*, free harbour; — *de lettres*, postage; — *payé*, prepaid.
Porte-cigare, m. cigar-case; — *crayon*, pencil —; — *faix*, porter; — *feuille*, pocket-book, — *plume*, penholder.
Porter, to carry, to enter; — *au journal*, to register in the day-book.
Porteur, m. bearer; *action au* —, share payable to —.
Poste, f. post, mail; *mandat de* —, post office order.
Portion, f. portion, rate.
Poterie, f. earthenware.
Poudre, f. powder.
Pour acquit, paid; — *cent*, per centage.
Poursuite, f. lawsuit; — *judiciaire*, judiciary —.
Poursuivre, to prosecute; — *un procès*, to sue before the law.
Prendre (*en parlant de marchandises*), to meet with a ready sale.
Préjudice, m. injury, harm.
Prélever, to deduct.
Preneur, m. burser.
Prescription, f. prescription.
Presse, f. pressing machine, copying —.
Prime, f. premium.
Priseur (*commissaire*), m. auctioneer.
Prix, m. price; — *courant*, current —; *à tout* —, at any —; *au* — *coté*, at the quoted —.
Procès, m. lawsuit; *traîner un* — *en longueur*, to protract a —.
Prochain, m. next, coming.
Procuration, f. procuration, power of attorney.
Produit, m. proceeds; — *net*, net —.

Profits, m. pl. profits; — *et pertes*, — and loss.
Propriétaire, m. owner.
Prorata, m. in proportion to.
Prospectus, m. prospectus.
Protêt, m. protest; *frais de* —, protesting charges.
Provision, f. provision.

Q

Quai, m. quay; *frais de* —, charges.
Quarantaine, f. quarantine.
Queue (*de billard*), f. cue.
Quille (*de navire*), f. keel.
Quincaille, f. hardware.
Quincaillerie, ironmongerie.
Quincaillier, m. hardware-man, ironmonger.
Quinine, f. quinine.
Quinquina, m. quinquina.
Quittance, f. receipt.
Quote-part, f. share, part.

R

Rabais, m. abatement.
Rabattre, to abate.
Rachat, m. redeeming.
Racheter, to redeem.
Raffinerie, f. refinery.
Raison (*sociale*), f. firm; *à — de*, at the rate of; *sous la* —; under the firm.
Rame (*de papier*), f. ream.
Rapport, m. correspondence, returns.
Rapporter, to yield, to bear; to pay well.
Rature, f. scratch, dash.
Rayé, m. striped.
Rayon, m. shelf, department.
Réalisation, f. realization.
Rebours, m. reverse.
Rebut, m. waste, rubbish, refuse, garble; *bureau des* —, dead-letter office; *mettre au* —, to throw aside, as waste.
Récépissé, m. receipt.
Réception, f. reception.
Recevoir, to receive.
Réclamation, f. claim.
Récolte, f. crop.
Recommandation, f. recommendation.
Recouvrable, recoverable.
Recouvrement, m. payment.
Reduction, f. abatement, trade-allowance.
Réfaction, f. tret, déduction.
Référence, f. reference.
Refus, m. refusal.
Régie, f. excise-office.
Règlement, m. settlement.
Régler, to settle; *— un compte*, — an account.
Réhabilitation, f. re-establishment.
Relations, f. pl. connexions; *se procurer des* —, to form connexions.
Relevé (*de compte*), m. copy, abstract, statement of account.
Reliquat, m. balance.
Remboursement, m. reimbursement; *contre* —, after payment.
Remise, f. abatement, deduction; remittance (*traite*).
Remplir (*un ordre*), to execute an order.
Rendu (*à bord*), put on board.
Renonciation, f. renunciation, relinquishment.
Renouveler (*un billet*), to renew.
Renseignements, m. pl. information, inquiries.
Rente, f. annuity, income; *— viagère*, life interest; *ra-*

cheter une —, to redeem an annuity.

Rentier, m. fund-holder, annuitant.
Rentrées, f. pl. returns.
Renvoi, m. referring.
Répartition, f. distribution.
Report, m. amount carried forward.
Reporter, to carry over.
Représentant, m. agent.
Requête, f. (*de cassation*), suit, demand.
Réserve, f. reserve; — *métallique*, metallic —.
Résiliation, f. cancellation.
Résilier, to cancel.
Responsable, liable, responsible.
Restant, m. remainder.
Retard, m. delay.
Retour, m. return; *par — du courrier*, per — of post.
Retrait, m. redemption; — *de titres*, withdrawal of bills.
Retraite, f. new draft.
Retraite, f. pension.
Retrancher, to retrench.
Reverser, to pour again.
Reversible, reversible.
Risques et périls (*à ses*), at one's risks; *contre tous —*, against all risks.
Riz, m. rice.
Robe, f. dress, gown.
Rond, round; *compte —*, round sum.
Rouennerie, f. common printed cotton.
Roulage, m. carriage.
Rouleau, m. roll, piece.
Roulier, m. carrier.
Ruban, m. ribbon.
Rubané, marked.
Rubis, m. ruby.

S

Sabot, m. wooden-shoe.
Sac, m. bag; — *de nuit*, travelling —.
Safran, m. saffron.
Saisie, f. seizure.
Saisir, to seize.
Saison, f. season; *morte —*, dull —.
Salaisons, f. pl. salt-meat.
Saphir, m. sapphire.
Salsepareille, f. sarsaparilla.
Satiner (*une étoffe*), to satin.
Saucisson, m. sausage.
Sauf erreurs, errors excepted.
Sauvetage, m. salvage; *droits de —*, — rights.
Savon, m. soap; — *d'amande*, almond —; — *parfumé*, perfumed —; — *de miel*, honey —; — *noir*, soft —.
Scellés, m. pl. seals, *apposer les —*, to affix the seals on; *lever les —*, to take off the —.
Sciure, f. sawing.
Sculpté, carved, *bois —*, — wood.
Seing privé (*acte sous*), private deed.
Secrétaire, m. secretary.
Sel, m. salt.
Semestre, m. half a year.
Séquestration, f. sequestration.
Serment, m. oath.
Service, m. service; — *de table*; table —; *offres de —*, tender of one's —.
Signataire, m. signer.
Signature, f. signature.
Sinistre, m. disaster.
Sociétaire, partner, shareholder.
Société, f. partnership, co-

oartnership; *acte de —*, deed pf partnership; company; — *en commandite*, joint-stock —.

Soie, f. silk; — *à broder*, embroidering —;. *déchets de* —, waste —; — *grège, crue*, raw —.

Soigner, to take care;— *l'encaissement*, to cash; — *l'expédition*, to take care of the expedition.

Soins, m. pl. care, attentions.

Solde, payment, balance; — *de compte*, balance of account; — *de marchandises*, remainder of goods.

Solder, to pay, to balance.
Solidaire, mutually responsible.
Solidairement, all responsible.
Solvabilité, f. solvency.
Solvable, solvent.
Sommation, f. summons.
Son, m. bran.
Sortie, f. export, exportation; *droit de —* export duty.
Souscription, f. subscription.
Soussigné, m. undersigned.
Soutirage, m. racking.
Sparadrap, m. sparadrap.
Spécimen, m. specimen.
Spéculation, f. speculation.
Spiritueux, m. pl. spirits.
Stagnation, f. stagnation.
Stéarine, f. stearine.
Succursale, f. branch house.
Sucre, m. sugar; — *de betterave*, beet-root —; — *candi*, candy —; — *en pains*, loaf, lump —.
Suif, m. tallow.
Suivre, to follow; *faire — (en remboursement)*, to charge forward.

Sumac, m. sumac.
Superfin, m. superfine.
Surplus, surplus.
Sursis, m. delay.
Syndic, m. syndic; — *de faillite*, assignee;—*provisoire*, provisory —.

T

Tabac, m. tobacco; — *à fumer*, smoking —; — *à priser*, snuff.
Taffetas, m. taffeta.
Tamarin, m. tamarind.
Tan, m. oak-bark, tan.
Tapis, m. carpet.
Tapisserie, f. tapestry.
Tare, f. tare.
Tarif, m. tariff.
Tartre, m. tartar; *crème de* —, cream of —.
Taux, m. rate.
Teindre, to dye.
Télégramme, m. telegram.
Temps, time, weather; *en son —*, in due course.
Tender, tender.
Teneur de livres, m. book-keeper.
Tenir, to keep; — *promesse*, to keep one's promise.
Tenue de livres, f. book-keeping; — *en partie double*, — by double entry.
Terme, m. term, time.
Testament, m. will.
Textiles (*matières*), textil materials.
Thé, m. tea.
Timbre, m. stamp; — *à sec*, dry —; *droit de —*, — duty; — *poste*, postage —.
Tirage (*au sort*), drawing.
Tiré, m. drawee.
Tirer (*une traite*), to draw;— *pour solde de compte*, to draw

for settling an account; — *par appoint*, to draw per appoint; — *pour compte d'autrui*, to draw on some body else's account.
Tireur, m. drawer.
Tissu, m. cloth, fabric, tissue; — *imperméable*, waterproof tissue.
Titre, m. document.
Titulaire, m. f. titular.
Toile, f. linen, cloth; — *de chanvre*, hemp —; — *cirée*, oil cloth; — *écrue*, unbleached —; — *à matelas*, ticking.
Toison, f. fleece.
Tôle, f. sheet iron.
Tonnage, m. tonnage.
Tonne, f. tun.
Tonneau, m. cask.
Tontine, f. annuities.
Toucher, to receive, to cash.
Tourbe, f. turf.
Tout, all; — *soie*, — silk.
Train, m. train; — *express*, express —.
Traite, f. draft, bill; — *à vue*, — at sight; — *des nègres*, slave-trade.
Traiteur, m. eating-house keeper.
Trame (*soie*), f. weft, woof.
Transaction, f. transaction.
Transfert, m. transfer.
Transiger, to come to terms.
Transit, m. transit; *libre* —, free —; *droit de* —, — duty.
Transport, m. transport; *moyens de* —, means for transporting.
Tribunal (*de commerce*), m. chamber of commerce.
Tricot, m. knit-work, stonkig-web.
Trimestre, m. quarter.

Tulle, m. tulle; — *à raies*, stripped —; — *de soie*, silk —; — *uni*, plain —.
Turquoise, f. turquoise.

U

Usage, m. use, custom.
Usance, f. usance; *à deux mois d'* —, at two months.
Usine, f. manufactory.
Ustensiles, m. pl. utensils.
Usufructuaire, m. f. tenant.
Usurier, m. usurer.

V

Vacation, f. day's sale.
Vaisseau, m. ship; — *marchand*, merchant —, merchant-man.
Vaisselle, f. plate.
Valable, valid.
Valeur, f. value; — *en compte*, — in account; — *en espèces*, — in cash; — *reçue*, — received; *non* —, value less, worthless bill.
Vallonée, f. valonia.
Valoir, to be worth; *à — sur*, on account of.
Varech, m. varec.
Velours, m. velvet.
Vendeur, m. seller.
Vendre, to sell; — *en détail*, — in retail; — *en gros*, — wholesale.
Vent, m. wind; *si le — le permet*, weather permitting.
Vente, f. sale; — *à l'encan*, — by auction; — *à l'extinction des feux*, — at the extinction of lights.
Vents alizés, m. pl. trade-winds.
Vérificateur, m. examiner.
Vernis, m. varnish.
Verre, m. glass.

Verrerie, f. glass-making, glass-trade.
Verroterie, f. glass-ware.
Vers à soie, pl. silk worms.
Versement, m. payment.
Vert, m. green; — *de gris,* verdigris.
Viagère (*rente*), life interest.
Vin, m. wine; — *en cercles,* in casks; — *mousseux,* sparkling —; *courtier en —,* — broker.
Vinaigre, m. vinegar.
Vitesse (*petite* ou *grande*), f. slow or fast train.
Voiture, f. carriage.
Voiturier, m. carrier.
Voix (*délibérative*), f. vote.

Voyage, m. voyage, journey.
Voyageur, m. traveller; *commis —,* commercial —.
Vue, f. sight; *à 4 jours de —,* 4 days after —.

W

Wagon, m. wagon, carriage.
Warant, m. warrant.
Whist, m. whist.

Z

Zibeline, f. sable.
Zinc, m. zinc; — *en barres,* — in bars; *couverture en —,* — cover.
Zingueur (*ouvrier*), m. zinc workman.

www.ingramcontent.com/pod-product-compliance
Lightning Source LLC
Chambersburg PA
CBHW022006220426
43663CB00007B/980